U0646137

# 数学

## Mathematics

### 基础模块

### 学习指导与能力训练

下册

（第3版）

曹一鸣　程旷/主编

分册主编：付　勇　黄　平

参编人员：廖雪刚　何立特　石胜军　李　恒
　　　　　唐　静　李　敏　倪春梅　王雪娇
　　　　　代　莉　杜洪飞　刘　勇　徐劲松
　　　　　肖德友　何仁礼

京师职教

zjfs.bnup.com | www.bnupg.com

北京师范大学出版集团
BEIJING NORMAL UNIVERSITY PUBLISHING GROUP
北京师范大学出版社

**图书在版编目(CIP)数据**

数学：基础模块.下册，学习指导与能力训练/付勇，黄平主编. —北京：北京师范大学出版社，2019.8（2021.8 重印）
（中等职业教育课程改革国家规划新教材配套用书/曹一鸣，程旷主编）

ISBN 978-7-303-24888-9

Ⅰ.①数… Ⅱ.①付… ②黄… Ⅲ.①数学课－中等专业学校－教材 Ⅳ.①G634.601

中国版本图书馆 CIP 数据核字(2019)第 158589 号

营 销 中 心 电 话　010-57654738　57654736
北师大出版社职业教育分社网　http://zjfs.bnup.com
电 子 信 箱　zhijiao@bnupg.com

出版发行：北京师范大学出版社　www.bnup.com
　　　　　北京市西城区新街口外大街 12－3 号
　　　　　邮政编码：100088
印　　刷：天津市宝文印务有限公司
经　　销：全国新华书店
开　　本：787 mm×1092 mm　1/16
印　　张：10.75
字　　数：193 千字
版　　次：2019 年 8 月第 1 版
印　　次：2021 年 8 月第 8 次印刷
定　　价：19.00 元

策划编辑：庞海龙　　　　　　责任编辑：王玲玲
美术编辑：焦　丽　　　　　　装帧设计：焦　丽
责任校对：赵媛媛　　　　　　责任印制：陈　涛

# 致同学们

亲爱的同学们：

　　本书是与基础模块下册配套的学习指导与能力训练，是教材的重要组成部分．数学是理论性和实践性都很强的学科，同学们必须通过一定量的练习，才能准确掌握知识，熟练运用知识，逐步提高解题能力，毕竟**"熟能生巧"**．为了使同学们通过本书的学习、练习，取得好的效果，下面对本书的编写进行一些说明，并提出一些学习、练习建议，供同学们参考．

　　每一小节练习，都由"知识要点""基础训练"构成，部分内容有"拓展训练"，在边页上设置了"改错与反思"栏．"知识要点"部分对本节考查的主要知识、方法进行了提炼和概括，同学们应先阅读、理解、记忆这部分内容，再去做题，这样才会比较顺利，才会事半功倍．在教学中，我们发现一些同学喜欢做题，而不太喜欢看书，希望同学们可以改变这种不好的学习习惯，应明白**"磨刀不误砍柴工"**的道理．"基础训练"中的练习题考查的是学习完本节内容后应该掌握的基础知识和基本技能，也是对所有同学的要求；"拓展训练"中的练习题，具有一定的综合性、灵活性，通过练习可以提高同学们综合运用知识分析问题、解决问题的能力，这部分练习题可供学有余力的同学和有升学愿望的同学选做，这也体现了因材施教、分层教学的原则．改错与反思是非常重要的学习环节，但在实际学习中不少同学都无视这个环节，一些同学尽管也做了很多练习，但没有改错，没有通过反思去总结解题规律，因而做题的效果较差，不能迁移，题目稍做变化，就无从下手了．改错与反思既是好的学习方法，也是好的学习习惯．为此，我们在边页上特地设置了"改错与反思"栏，教师批改作业后，同学们应把自己做错的题目改在旁边的对应位置上，以便于教师检查和自己对照复习．此外，同学们还应对一些典型题（特别是综合题）的解题思路、方法、步骤等进行总结、反思，并写在该题对应位置的旁边. 这样长期坚持下去，不断积累经验，相信大家一定会掌握解题规律，提高解题能力.

本书每一章后都安排了"综合练习"和"检测题". "综合练习"考查了同学们对全章主要内容的掌握情况，通过练习可以帮助同学们复习巩固各小节知识、技能，提高综合运用全章知识解题的能力；"检测题"可以对同学们的学习效果进行评估，主要用作自测，也可作为考试题来用（由任课老师决定）.

A组和B组两套"期末测试题"，相对于"检测题"来说，题量较多、覆盖面较广、综合性较强，有一定难度，应在对全书进行了系统复习的基础上使用. 全书内容较多，两套题互相补充，共同覆盖了全书的知识点. 同时，两套题又各有侧重，A组的测试题侧重于检测同学们对基础知识和基本技能的掌握情况，B组的测试题侧重于检测同学们综合运用知识解题的能力.

书中附有所有练习题的参考答案，包括提示、详解或略解，可以帮同学们开启思路，其中一些解题示范可以作为核对答案的参考. 需着重指出的是，同学们在使用时，只能将其作为借鉴、参考，不能照抄、照搬，要发挥自己的主观能动性. 具体来说，第一，要在自己做题后或思考后再去借鉴、参考答案；第二，限于篇幅，参考答案的解答过程大都很简略，同学们实际做题的时候应对过程进行完善；第三，有些题的解题方法不止一种，书中给出的也不一定是最优方法，同学们应勇于探索、勇于创新，不应拘泥于参考答案给出的解法.

最后，希望同学们热爱数学学习，喜欢上做数学题，并通过学习和练习，使大家的数学素养得到提升. 更重要的是"**数学是锻炼思维的体操**"，学习数学、多做数学题，会使我们的思维得到锻炼，使我们的大脑变得更强大. 愿同学们在学习数学的过程中可以感受到数学的魅力，在做数学题的过程中体验到思考与探索的乐趣！

编　者

2018 年 7 月

# 目 录

# 第 8 章　直线和圆的方程

# 第 9 章　立体几何

▶ 第 10 章　概率与统计初步

▶ 期末测试题(A 组)

▶ 期末测试题(B 组)

▶ 参考答案

# 第6章 · 数 列

## §6.1 数列的概念

### 6.1.1 数列的概念

**知识要点**

1. 数列的概念：按一定顺序排成的一列数 $a_1$，$a_2$，$a_3$，$\cdots$，$a_n$，$\cdots$ 叫作数列. 可将数列简记作 $\{a_n\}$. 其中的每一个数 $a_n$ 叫这个数列的一项，$n$ 表示项数.

2. $a_n$ 表示数列的第 $n$ 项，$a_1$ 表示数列的第 1 项，也叫首项，数列的最后一项叫作末项.

3. 数列的分类：项数有限的数列叫有穷数列，项数无限的数列叫无穷数列.

**基础训练**

**一、选择题**

1. 下列说法正确的是（    ）.

A. 数列 $-3$，1，0，6，7，12 可表示为 $\{-3，1，0，6，7，12\}$

B. 每个数列中首项是唯一的

C. 数列 0，2，5，8，10 与数列 10，8，6，5，2，0 是相同的数列

D. 数列是由无限个数随意组成的

2. 下列数列中是无穷数列的是（    ）.

①1，2，$\cdots$，100；②2，4，6，8，10，$\cdots$；③15，5，16，16，28；

1

改错与反思

④$-2$, $2$, $-2$, $2$, $-2$, $2$, …; ⑤$100$, $99$, $98$, …, $3$, $2$, $1$, …;
⑥$2$, $9$, $7$, $3$, ….

    A. ②④⑤⑥    B. ①③    C. ③④⑤⑥    D. ①②③④

    3. 观察数列 $1$, $3$, $6$, $10$, $x$, $21$, $28$, …, 由给出的数之间的关系可知 $x$ 的值是(　　).

    A. 12    B. 15    C. 17    D. 18

    4. 由 $2$, $3$, $3$ 可以组成(　　)种不同的数列.

    A. 1    B. 3    C. 6    D. 5

二、填空题

    5. 设数列 $\{a_n\}$ 为 $1$, $8$, $4$, $10$, $6$, $3$, …, 其中 $a_2$ 为 _____, $a_5$ 为 _____.

    6. 数列 $1$, $2$, $3$, $4$, $5$, …, $100$ 是 _____ 数列.

拓展训练

    $1$, $2$, $2$, $3$ 这四个数可以组成多少个不同的数列？请写出这些数列.

# 6.1.2 数列的通项公式

## 知识要点

1. 通项公式的概念：若数列 $\{a_n\}$ 的第 $n$ 项 $a_n$ 与项数 $n$ 之间的关系可以用一个公式 $a_n = f(n)$ 来表示，则这个公式 $a_n = f(n)$ 就叫作数列 $\{a_n\}$ 的通项公式.

2. 根据数列前几项写通项公式时，要整体观察各项的变化规律，找出项与项数的关系. 为此，有时需要将各式适当改写.

3. 数列的前 $n$ 项和 $S_n$ 与其通项 $a_n$ 的关系为

$$a_n = \begin{cases} S_1, & n = 1, \\ S_n - S_{n-1}, & n \geqslant 2. \end{cases}$$

## 基础训练

### 一、选择题

1. 数列 $-3$，$3$，$-3$，$3$，$\cdots$ 的一个通项公式为（　　）.

A. $a_n = 3(-1)^n + 1$　　　　　B. $a_n = 3(-1)^n$

C. $a_n = 3 - (-1)^n$　　　　　D. $a_n = 3 + (-1)^n$

2. 已知数列 $\{a_n\}$ 中 $a_{n+1} = a_n + 1$，若 $a_1 = 2$ 则 $a_{999} = $（　　）.

A. 1 001　　　B. 1 000　　　C. 999　　　D. 998

3. 已知数列 $\{a_n\}$ 的首项为 $1$，$a_n = a_{n-1} + 2$，则这个数列的通项公式为（　　）.

A. $a_n = 3n - 2$　　　　　B. $a_n = 2n - 1$

C. $a_n = n + 2$　　　　　D. $a_n = 4n - 3$

4. 已知数列 $a_n = 3n - 2$，$b_n = 3$，则数列 $\{a_n + b_n\}$ 的前 4 项和为（　　）.

A. 81　　　B. 142　　　C. 40　　　D. 34

### 二、填空题

5. 已知 $a_n = 2(-1)^n + 1$，则这个数列的前 4 项分别为_____.

6. 数列 $-1$，$3$，$-5$，$7$，$\cdots$ 的通项公式为_____.

### 三、解答题

7. 已知 $a_1 = 2$，$a_{n+1} = a_n + 3$，求数列 $\{a_n\}$ 的通项公式.

**改错与反思**

8. 判断 16 和 45 是否为数列 $\{3n+1\}$ 中的项．如果是，分别指出是第几项．

**拓展训练**

1. 数列 $\{a_n\}$ 的通项公式为 $a_n = -8 - 7n + n^2$，这个数列中有多少项为负数?

2. 数列 $\{a_n\}$ 的通项公式为 $a_n = 30 + n - n^2$．

(1)问 $-60$ 是否为 $\{a_n\}$ 中的一项?

(2)当 $n$ 分别取何值时，$a_n = 0$，$a_n > 0$，$a_n < 0$?

# §6.2 等差数列

## 6.2.1 等差数列的概念及通项公式

### 知识要点

1. 等差数列的概念：如果数列 $a_1$，$a_2$，$a_3$，$\cdots$，$a_n$，$\cdots$，从第 2 项起，每一项与它前一项的差都等于同一个常数 $d$，那么这个数列 $\{a_n\}$ 叫作等差数列，常数 $d$ 叫作公差.

2. 数列 $\{a_n\}$ 为等差数列 $\Leftrightarrow a_{n+1}-a_n=d \Leftrightarrow a_{n+1}=a_n+d$（$d$ 为常数）.

3. 等差数列的通项公式：$a_n=a_1+(n-1)d$（$n \geqslant 1$，$n \in \mathbf{N}^*$）.

4. 等差中项：若三个数 $a$，$A$，$b$ 成等差数列，则 $A$ 叫作 $a$ 与 $b$ 的等差中项. 有 $a+b=2A$ 或 $A=\dfrac{a+b}{2}$.

### 基础训练

**一、选择题**

1. 下列数列中不是等差数列的是（　　）.

A. 1，3，5，7，$\cdots$ 　　　　B. 9，6，3，0，$-3$，$\cdots$

C. 3，3，3，3，3，$\cdots$ 　　D. 1，2，3，2，3，4，$\cdots$

2. 下列数列中是等差数列的是（　　）.

A. 1，4，9$\cdots$，$n^2$，$\cdots$ 　　　B. 2，4，6，9，$\cdots$

C. 2，4，6，8，$\cdots$，$2n$，$\cdots$ 　　D. 1，8，27，$\cdots$，$n^3$，$\cdots$

3. 下列说法正确的是（　　）.

A. 等差数列是数列从第 2 项开始每一项与它前一项的和为常数

B. 等差数列是数列从第 2 项开始每一项与它前一项的和为同一个常数

C. 等差数列是数列从第 2 项开始每一项与它前一项的差为常数

D. 等差数列是数列从第 2 项开始每一项与它前一项的差为同一个常数

4. 数列 $\{a_n\}$ 为 $-3$，$-1$，1，3，$\cdots$，201，下列说法错误的是（　　）.

A. 数列 $\{a_n\}$ 为等差数列　　　B. 数列 $\{a_n\}$ 为有穷数列

C. 数列的公差为 1　　　　　　D. 数列的首项为 $-3$

**二、填空题**

5. 已知等差数列 2，5，8，$\cdots$，则 $a_5=$ _____.

6. 已知等差数列 $-1$，$4$，$9$，$\cdots$，则此数列的公差 $d=$ _____．

**三、解答题**

7. 已知 $\{a_n\}$ 为等差数列，$a_4=3$，公差 $d=2$，求这个数列的第 6 项．

8. 在 8 和 200 之间插入 3 个数，使这 5 个数成等差数列，求这 3 个数．

**拓展训练**

在数列 $\{a_n\}$ 中，$a_1=3$，$a_{n+1}=2a_n+1$，求 $a_n$．

# 6.2.2 等差数列前 $n$ 项和公式

## 知识要点

1. 数列的前 $n$ 项和：将数列 $\{a_n\}$ 的前 $n$ 项和记作 $S_n$，即

$$S_n = a_1 + a_2 + a_3 + \cdots + a_{n-2} + a_{n-1} + a_n.$$

2. 等差数列的前 $n$ 项和公式为，

(1)已知首项和末项，则 $S_n = \dfrac{n(a_1 + a_n)}{2}$；

(2)已知首项和公差，则 $S_n = na_1 + \dfrac{n(n-1)}{2}d$.

## 基础训练

### 一、选择题

1. 在等差数列 $\{a_n\}$ 中，$a_1 = 10$，$a_{15} = 36$，则 $S_{15} = ($ ).

A. 345      B. 350      C. 360      D. 370

2. 等差数列 $\{a_n\}$ 的前 $n$ 项和为 $S_n$，若 $a_1 = 2$，$S_3 = 12$，则 $a_6 = ($ ).

A. 8      B. 10      C. 12      D. 14

3. 在等差数列 $\{a_n\}$ 中，已知 $a_4 + a_8 = 16$，则该数列前 11 项和 $S_{11} = ($ ).

A. 58      B. 88      C. 143      D. 176

4. 等差数列 $\{a_n\}$ 的前 $n$ 项和为 $S_n$，$a_1 = 20$，$d = 2$，则 $S_8 = ($ ).

A. 200      B. 210      C. 214      D. 216

### 二、填空题

5. 等差数列 5，4，3，2，$\cdots$ 的前 $n$ 项和为 $S_n$，则 $S_{12} = $ _____.

6. 在等差数列 $\{a_n\}$ 中，$a_5 = 10$，$a_{12} = 31$，则 $S_{14} = $ _____.

### 三、解答题

7. 在等差数列 $\{a_n\}$ 中，$a_1 = -7$，$a_8 = -28$，求 $S_{10}$.

8. 已知三个数成等差数列，它们的和为 21，积为 168，求这三个数.

**拓展训练**

工人生产某种零件，如果某一个月生产了 200 个零件，从这个月开始，以后每个月比上个月多生产 100 个，那么多少个月后，该厂共生产 3 500 个零件？

# §6.3 等比数列

## 6.3.1 等比数列的概念及通项公式

### 知识要点

1. 等比数列概念：如果数列 $a_1$，$a_2$，$a_3$，…，$a_n$，… 从第 2 项开始，每一项与它前一项的比都等于同一个不为零的常数 $q$，那么这个数列 $\{a_n\}$ 叫作等比数列，常数 $q$ 叫作公比.

2. 在等比数列中，首项和公比都不能为零.

3. 数列 $\{a_n\}$ 为等比数列 $\Leftrightarrow \dfrac{a_{n+1}}{a_n}=q \Rightarrow a_{n+1}=a_n q$（$q$ 为常数，且 $q \neq 0$）.

4. 等比数列的通项公式：
$$a_n = a_1 q^{n-1} \quad (q \neq 0).$$

5. 公比为 1 的等比数列称为常数列.

6. 等比中项：若三个非零数 $a$，$G$，$b$ 成等比数列，则 $G$ 叫作 $a$ 与 $b$ 的等比中项，此时 $G^2 = ab$，即 $G = \pm \sqrt{ab}$.

### 基础训练

**一、选择题**

1. 在等比数列 $\{a_n\}$ 中，$a_1=2$，$a_3=8$，则 $a_5=$（　　）.

A. 8 　　　　B. 10 　　　　C. 12 　　　　D. 32

2. $-4$ 与 $-7$ 的等比中项为（　　）.

A. $2\sqrt{7}$ 　　　　　　　　B. $\pm 2\sqrt{7}$

C. $-2\sqrt{7}$ 　　　　　　　　D. 无法确定

3. 下列说法错误的是（　　）.

A. 等比数列的项肯定不为 0

B. 等比数列的公比肯定不为 0

C. 等比数列的前一项肯定比后一项小

D. 知道等比数列的任意两项，即可算出其首项和公比

4. 已知等比数列 $a_1=2$，$a_4=16$，则 $q=$（　　）.

A. 2 　　　　B. 4 　　　　C. 8 　　　　D. 14

**二、填空题**

5. 数列 1，$-1$，1，$-1$，…_____（是/否）等比数列.

**改错与反思**

6. 等比数列 3，9，27，…，则 $a_5 =$ _____.

**三、解答题**

7. 在等比数列 $\{a_n\}$ 中，$a_2 = 2$，$a_5 = 54$，求 $a_1$ 和 $q$.

8. 已知等比数列 $\{a_n\}$ 满足 $a_5 = 3$，$a_8 = 81$，求 $a_3$.

**拓展训练**

如果 $\{a_n\}$ 是一个等比数列，$k$ 是不等于 0 的常数，那么数列 $\{ka_n\}$ 是不是等比数列？

## 6.3.2  等比数列前 $n$ 项和公式

**知识要点**

等比数列前 $n$ 项和公式：若等比数列 $\{a_n\}$ 的首项为 $a_1$，第 $n$ 项为 $a_n$，公比为 $q$，前 $n$ 项和为 $S_n$，则

当 $q\neq 1$ 时，$S_n=\dfrac{a_1(1-q^n)}{1-q}\left(\text{或 } S_n=\dfrac{a_1-a_nq}{1-q}\right)$；

当 $q=1$ 时，$S_n=na_1$.

**基础训练**

**一、选择题**

1. 已知等比数列 $\{a_n\}$ 中，$a_1=2$，$q=3$，则 $S_5=($    ).

A. 249            B. 242            C. 224            D. 80

2. 等比数列 $\{a_n\}$ 中，$a_2=10$，$a_3=20$，则 $S_5=($    ).

A. 150            B. 155            C. 160            D. 165

3. 等比数列 2，4，8，… 从第 6 项到第 10 项的和为(    ).

A. 1 984          B. 1 920          C. 2 046          D. 126

4. 下列说法中正确的个数是(    ).

①公比大于 1 的等比数列的各项都大于 1；②公比小于 0 的等比数列逐项递减；③非零常数列是公比为 1 的等比数列；④数列 $\{\log_2 2^n\}$ 是等差数列而不是等比数列.

A. 0             B. 1             C. 2             D. 3

**二、填空题**

5. 在等比数列 $\{a_n\}$ 中 $a_1=36$，$a_5=\dfrac{9}{4}$，则 $q=$ _____，$S_4=$ _____.

6. 已知在等比数列中，$a_1=8$，$q=-\dfrac{1}{2}$，$n=6$，则 $S_6=$ _____.

**三、解答题**

7. 在等比数列 $\{a_n\}$ 中，已知 $q=\dfrac{1}{2}$，$S_3=1$，求首项 $a_1$ 的值.

**改错与反思**

8. 小邓买了一辆价值 20 万元的新车，如果按平均每年 10% 的速度折旧，用满 5 年的时候卖掉，这辆车还能卖多少钱？（保留两位小数）

**拓展训练**

1. 设数列 $\{a_n\}$ 的通项公式是 $a_n = 2^{n-1}$，$n \in \mathbf{N}^*$，求这个数列的前 $n$ 项和.

2. 已知一个等比数列的前 3 项和为 1，前 6 项和为 9，求它的前 8 项和.

# §6.4 数列实际应用举例

## 知识要点

现实生活中很多问题，如存款利息、商品利润、生产效率等都可以用等差数列和等比数列的知识来解决.

## 基础训练

### 一、选择题

1. 某学校高一、高二、高三共计 2 460 名学生，3 个年级的学生人数刚好成等差数列，则该校高二年级的人数为（　　）.

A. 800　　　　B. 820　　　　C. 840　　　　D. 860

2. 有一种细菌和一种病毒，每个细菌在每秒杀死一个病毒的同时又将自身分裂为 2 个，现在有一个这样的细菌和 100 个这样的病毒（假设病毒不繁殖），则细菌将病毒全部杀死至少需要（　　）.

A. 6 秒　　　　B. 7 秒　　　　C. 8 秒　　　　D. 9 秒

3. 凸多边形各内角度数成等差数列，最小角为 $120°$，公差为 $5°$，则边数 $n$ 等于（　　）.

A. 16　　　　B. 9　　　　C. 16 或 9　　　　D. 12

4. 某商品的价格前两年每年递增 20%，后两年每年递减 20%，最后一年的价格与原来的价格比较，变化情况是（　　）.

A. 不增不减　　　　　　　　B. 约增 1.4%

C. 约增 9.2%　　　　　　　　D. 约减 7.8%

### 二、填空题

5. 一个剧场设置了 20 排座位，第一排 38 个座位，往后每一排都比前一排多 3 个座位. 这个剧场一共设置了_____个座位.

6. 某住宅小区计划植树不少于 100 棵，若第一天植 2 棵，以后每天植树的棵数是前一天的 2 倍，则需要的最少天数 $n(n \in \mathbf{N}^*)$ 等于_____.

### 三、解答题

7. 某养鸡专业户今年向农贸市场出售肉鸡 1 000 只，计划近几年内的出售量每年平均比上一年增长 8%，那么从今年起，大约几年后可以使总出售量达到 4 500 只？

9. 等比数列 $\{a_n\}$ 中，$a_3=2$，$a_8=64$，求 $a_n$ 与 $S_5$.

10. 若互不相等的实数 $a$，$b$，$c$ 成等差数列，$c$，$a$，$b$ 成等比数列，且 $a+3b+c=10$，求 $a$，$b$，$c$ 的值.

# 第 6 章检测题

（时间：40 分钟　满分 100 分）

**一、选择题**（每小题 8 分，共 32 分）

1. 设数列 1，3，5，7，…，$2n-1$，…，则 11 是这个数列的（　　）.

A. 第 6 项　　　B. 第 7 项　　　C. 第 8 项　　　D. 第 9 项

2. 在等差数列 $\{a_n\}$ 中，$a_5=9$，公差 $d=2$，则 $a_1=$（　　）.

A. 1　　　　B. 2　　　　C. 3　　　　D. 4

3. 在等比数列 $\{a_n\}$ 中，$a_1=1$，$q=2$，则 $a_5=$（　　）.

A. 9　　　　B. 11　　　　C. 16　　　　D. 32

4. 已知数列的前项和公式为 $S_n=5n^2-n$，则此数列的第 6 项到第 10 项的和为（　　）.

A. 250　　　B. 270　　　C. 370　　　D. 490

**二、填空题**（每小题 8 分，共 24 分）

5. $3+\sqrt{2}$ 和 $3-\sqrt{2}$ 的等差中项为_____.

6. 已知在等比数列 $\{a_n\}$ 中，$a_2=2$，$a_4=8$，则公比 $q=$_____.

7. 等比数列 1，$\frac{1}{2}$，$\frac{1}{4}$，$\frac{1}{8}$，…的前 10 项和为_____.

**三、解答题**（第 8、9 题各 10 分，第 10、11 题各 12 分，共 44 分）

8. 在等差数列 $\{a_n\}$ 中，已知 $a_6=10$，$S_3=6$，求 $a_n$ 和 $S_{19}$.

9. 在等差数列 $\{a_n\}$ 中，已知 $a_1$，$a_3$，$a_9$ 成等比数列，公差 $d\neq 0$，且前 10 项和 $S_{10}=55$，求 $a_n$ 和 $S_n$.

改错与反思

10. 在等比数列 $\{a_n\}$ 中，已知首项为 8，公比为 2，要使前 $n$ 项和大于 2 040，则至少应取前几项的和？

11. 已知等差数列 $\{a_n\}$ 的前 $n$ 项和为 $S_n$，公差 $d \neq 0$，且 $S_3 + S_5 = 50$，$a_1$，$a_4$，$a_{13}$ 成等比数列.

(1) 求数列 $\{a_n\}$ 的通项公式；

(2) 若从数列 $\{a_n\}$ 中依次取出第 2 项，第 4 项，第 6 项，……，第 $2n$ 项，……，按原来顺序组成一个新数列 $\{b_n\}$，记该数列的前 $n$ 项和为 $T_n$，求 $T_n$ 的表达式.

# 第7章 · 平面向量

## §7.1　向量的概念及向量间的关系

改错与反思

### 知识要点

1. 既有大小又有方向的量叫作向量.

2. 向量可以用有向线段表示, 有向线段的长度表示向量的大小, 有向线段的方向表示向量的方向.

3. 长度为零的向量叫作零向量. 零向量方向不确定.

4. 非零向量 $\overrightarrow{AB}$ 的长度表示为 $|\overrightarrow{AB}|$, 起点是 $A$, 终点是 $B$.

5. 长度为 1 个单位的向量叫作单位向量.

6. 长度相等且方向相同的向量叫作相等向量.

7. 方向相同或相反的非零向量叫作平行向量或共线向量.（注: 零向量与任意向量平行.）

### 基础训练

一、选择题

1. 四边形 $ABCD$ 中, 若 $\overrightarrow{AB}=\overrightarrow{DC}$, 它一定是（　　　）.

A. 正方形　　　　　　　B. 矩形

C. 平行四边形　　　　　D. 菱形

2. 共线向量（非零向量）一定（　　　）.

A. 有相同的起点　　　　B. 方向相同

C. 方向相反　　　　　　D. 方向相同或相反

**改错与反思**

3. 设点 $O$ 为正方形 $ABCD$ 的对角线的交点，则向量 $\overrightarrow{AO}$，$\overrightarrow{OB}$，$\overrightarrow{OC}$，$\overrightarrow{DO}$（    ）.

A. 有相同的起点        B. 有相等的模

C. 是平行向量          D. 是相等向量

4. 关于零向量，下列说法中错误的是（    ）.

A. 零向量的方向确定      B. 零向量的方向不确定

C. 零向量与任意向量共线    D. 零向量的长度为零

**二、填空题**

5. 向量 $\overrightarrow{AB}$ 与 $\overrightarrow{BA}$ 长度 _____，方向 _____，$-\overrightarrow{AB}=$ _____.

6. $\boldsymbol{a}$ 与 $\boldsymbol{b}$ 的方向相同或相反，则 $\boldsymbol{a}$ 与 $\boldsymbol{b}$ _____.

**三、解答题**

7. 在平行四边形 $ABCD$ 中，$EF$ 是中位线，在标注的向量中分别写出与向量 $\overrightarrow{AE}$，$\overrightarrow{EF}$ 相等的向量和共线的向量.

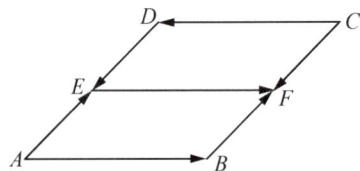

（第 7 题图）

8. 如图，点 $D$，$E$，$F$ 分别是 $\triangle ABC$ 各边的中点，写出图中与 $\overrightarrow{EF}$ 相等的向量和共线的向量.

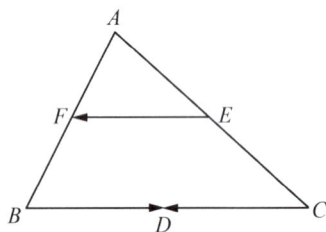

（第 8 题图）

**拓展训练**

证明：四边形 $ABCD$ 为平行四边形的充要条件是 $\overrightarrow{AD}=\overrightarrow{BC}$.

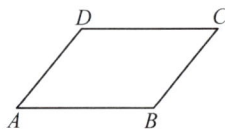

# §7.2 向量的运算

## 7.2.1 向量的加法

### 知识要点

1. 已知向量 $a$ 与 $b$，平面内任取一点 $A$，$\overrightarrow{AB}=a$，$\overrightarrow{BC}=b$，则向量 $\overrightarrow{AC}$ 叫作 $a$ 与 $b$ 的和向量，记作 $a+b$，即 $a+b=\overrightarrow{AB}+\overrightarrow{BC}=\overrightarrow{AC}$. 这种方法叫作向量加法的三角形法则.

2. 两个向量 $a$，$b$ 以同一点 $A$ 为起点，以 $a$，$b$ 为邻边作平行四边形 $ABCD$，则以 $A$ 为起点的对角线表示的向量 $\overrightarrow{AC}$ 就是 $a$ 与 $b$ 的和向量，我们把这种求两个向量和向量的方法叫作向量加法的平行四边形法则.

### 基础训练

#### 一、选择题

1. 在平行四边形 $ABCD$ 中 $\overrightarrow{AB}+\overrightarrow{DA}=($     $).$

A. $\overrightarrow{AC}$                           B. $\overrightarrow{CA}$

C. $\overrightarrow{BD}$                           D. $\overrightarrow{DB}$

2. 已知 $AM$ 是 $\triangle ABC$ 的 $BC$ 边上的中线，若 $\overrightarrow{AB}=a$，$\overrightarrow{AC}=b$，则 $\overrightarrow{AM}=($     $).$

A. $\dfrac{1}{2}\left[a+(-b)\right]$             B. $-\dfrac{1}{2}\left[a+(-b)\right]$

C. $\dfrac{1}{2}(a+b)$                    D. $-\dfrac{1}{2}(a+b)$

3. 下列说法不正确的是($     ).$

A. 向量的和的模等于向量的模的和

B. 向量的和的方向与模最大的向量的方向同向

C. 相反向量的和为零

D. 向量的加法运算方法有平行四边形法则和三角形法则

4. 下列说法错误的是($     ).$

A. $a+0=a$

B. $a+b=b+a$

C. $(a+b)+c=c+(a+b)$

D. $a+(-a)=0$

**改错与反思**

二、填空题

5. 如右图，在平行四边形 $ABCD$ 中，写出：

(1) $\overrightarrow{AB} + \overrightarrow{AD} = $ _____ ；

(2) $\overrightarrow{AB} + \overrightarrow{BC} = $ _____ ；

(3) $\overrightarrow{AC} + \overrightarrow{CD} = $ _____ ；

(4) $\overrightarrow{BD} + \overrightarrow{AB} = $ _____ .

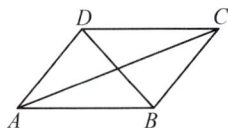

（第 5 题图）

6. $\overrightarrow{BC} + \overrightarrow{AB} + (-\overrightarrow{BC}) = $ _____ ；

 $\overrightarrow{BC} + \overrightarrow{DB} + \overrightarrow{CD} = $ _____ ；

 $\overrightarrow{AB} + \overrightarrow{BC} + \overrightarrow{CD} + \overrightarrow{DE} = $ _____ .

三、解答题

7. 已知向量 $a$，$b$，分别用三角形法则与平行四边形法则作出向量 $a + b$.

（1）

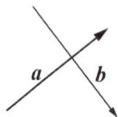

（2）

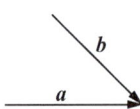

（第 7 题图）

8. 如图，已知向量 $a$，$b$ 平行，请作出向量 $a + b$.

（第 8 题图）

**拓展训练**

"对于平面上任意一点 $O$，有 $\overrightarrow{OM} = \dfrac{1}{2}(\overrightarrow{OA} + \overrightarrow{OB})$" 是 "$M$ 是线段 $AB$ 的中点" 的（ ）.

 A. 充分条件，但不是必要条件

 B. 必要条件，但不是充分条件

 C. 充要条件

 D. 不是充分条件，也不是必要条件

## 7.2.2 向量的减法

### ⏰ 知识要点

1. 向量减法是向量加法的逆运算.

2. 我们把向量 $a$ 与向量 $b$ 的相反向量的和,叫作向量 $a$ 与 $b$ 的差(或差向量),并且把求两个向量差的运算,叫作向量的减法,即 $a-b=a+(-b)$.

根据向量加法的三角形法则,$a$ 与 $b$ 的差也可以这样去求(见下图):在平面上任选一点 $A$,作向量 $\overrightarrow{AB}=a$,$\overrightarrow{AC}=b$,则向量 $\overrightarrow{CB}$ 就是所求的差 $a-b$.

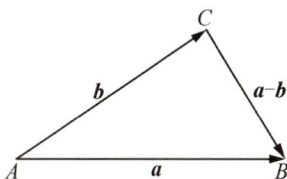

即 $\qquad \overrightarrow{AB}-\overrightarrow{AC}=\overrightarrow{CB}.$

这个法则可简述为"起点相同,终点相连,箭头指向被减终点".

### 📖 基础训练

**一、选择题**

1. 如右图,在平行四边形 $ABCD$ 中,下列错误的是(　　).

A. $\overrightarrow{AD}-\overrightarrow{AB}=\overrightarrow{BD}$ 　　　　 B. $\overrightarrow{AD}-\overrightarrow{AB}=\overrightarrow{DB}$

C. $\overrightarrow{AB}+\overrightarrow{BC}=\overrightarrow{AC}$ 　　　　 D. $\overrightarrow{AD}+\overrightarrow{AB}=\overrightarrow{AC}$

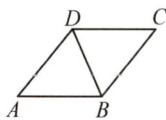
(第1题图)

2. 已知在平行四边形 $ABCD$ 中,若 $\overrightarrow{AB}=a$,$\overrightarrow{AD}=b$,则 $\overrightarrow{BD}$ 等于(　　).

A. $a+b$ 　　　　　　　　 B. $a-b$

C. $b-a$ 　　　　　　　　 D. $-b+a$

3. 在 $\triangle ABC$ 中,若 $AB$,$BC$,$AC$ 三边的长分别为 $a$,$b$,$c$,则 $|\overrightarrow{AB}+\overrightarrow{BC}+\overrightarrow{CA}|$ 等于(　　).

A. $a+b+c$ 　　 B. $a|b|c$ 　　 C. $1$ 　　　　 D. $0$

4. 已知非零向量 $a$ 与 $b$ 互为相反向量,则下列结论中不正确的是(　　).

A. $a+b=0$ 　　　　　　　 B. $a-b=0$

C. $a$ 与 $b$ 共线 　　　　　 D. $a$ 与 $b$ 长度相等

**改错与反思**

**二、填空题**

5. $\overrightarrow{OM}-\overrightarrow{ON}=$ _____；$\overrightarrow{AD}-\overrightarrow{CD}=$ _____.

6. $\overrightarrow{AD}-\overrightarrow{AB}=$ _____.

　$\overrightarrow{AB}-\overrightarrow{DB}-\overrightarrow{AD}=$ _____.

**三、解答题**

7. 如图，在正方形 $ABCD$ 中，已知 $\overrightarrow{AB}=\boldsymbol{a}$，$\overrightarrow{BC}=\boldsymbol{b}$，$\overrightarrow{OD}=\boldsymbol{c}$，求表示 $\boldsymbol{a}-\boldsymbol{b}+\boldsymbol{c}$ 的向量.

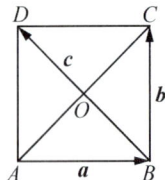

（第 7 题图）

8. 作图验证.

$$\frac{1}{2}(\boldsymbol{a}+\boldsymbol{b})+\frac{1}{2}(\boldsymbol{a}-\boldsymbol{b})=\boldsymbol{a}.$$

**拓展训练**

如图，平行四边形 $ABCD$ 的两条对角线交于点 $O$，请用向量 $\overrightarrow{AB}$，$\overrightarrow{AD}$ 表示 $\overrightarrow{OD}$.

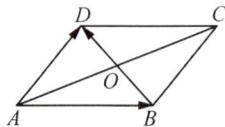

## 7.2.3 实数与向量的乘积

### 知识要点

1. 实数 $\lambda$ 与向量 $a$ 的乘积仍是一个向量，我们把这个向量叫作数乘向量，记作 $\lambda a$，它的长度和方向规定如下：

(1) $|\lambda a| = |\lambda| \cdot |a|$；

(2) 当 $\lambda > 0$ 时，$\lambda a$ 的方向与 $a$ 的方向相同；当 $\lambda < 0$ 时，$\lambda a$ 的方向与 $a$ 的方向相反；

(3) 当 $\lambda = 0$ 时，$\lambda a = \mathbf{0}$，方向任意.

2. 两个非零向量 $a$ 与 $b$ 平行(共线)的充要条件是有且只有一个实数 $\lambda$ ($\lambda \neq 0$)，使得 $b = \lambda a$.

即
$$a /\!/ b \Leftrightarrow b = \lambda a (\lambda \in \mathbf{R}, \lambda \neq 0).$$

### 基础训练

**一、选择题**

1. 化简 $3(a-b)-(2a-4b)$，正确结果是(　　).

A. $a+b$ 　　　　　　　　　　B. $5a-5b$

C. $a-3b$ 　　　　　　　　　　D. $a+3b$

2. 化简 $3a-2(3a-4b)+3(a-b)$，正确结果是(　　).

A. $a-11b$ 　　　　　　　　　B. $5b$

C. $11b$ 　　　　　　　　　　D. $12a+5b$

3. 在平行四边形 $ABCD$ 中，设 $\overrightarrow{AC}=a$，$\overrightarrow{BD}=b$，则 $\overrightarrow{AB}=$(　　).

A. $\dfrac{1}{2}a+\dfrac{1}{2}b$ 　　　　　　　　B. $\dfrac{1}{2}a-\dfrac{1}{2}b$

C. $-\dfrac{1}{2}a+\dfrac{1}{2}b$ 　　　　　　　D. $-\dfrac{1}{2}a-\dfrac{1}{2}b$

4. 矩形 $ABCD$ 中，$|\overrightarrow{AB}|=\sqrt{3}$，$|\overrightarrow{BC}|=1$，则 $|\overrightarrow{AB}+\overrightarrow{BC}+\overrightarrow{BD}|=$(　　).

A. 2 　　　　　B. 0 　　　　　C. 4 　　　　　D. $2\sqrt{3}$

**二、填空题**

5. $(-3)\times 3a = $ ＿＿＿＿＿＿；

$\dfrac{1}{2}\times(-3a)+2a = $ ＿＿＿＿＿＿.

**改错与反思**

6. $0 \times (-2\sqrt{3})\boldsymbol{a} + 2\boldsymbol{b} = $ ＿＿＿＿＿＿；

   $2(4\boldsymbol{a}+\boldsymbol{b}-\boldsymbol{c}) - 3\left(\dfrac{5}{6}\boldsymbol{c}+3\boldsymbol{b}-\dfrac{2}{3}\boldsymbol{a}\right) = $ ＿＿＿＿＿＿．

三、解答题

7. 已知向量 $\boldsymbol{a}$，$\boldsymbol{b}$，计算下列各式.

(1) $3(\boldsymbol{a}+\boldsymbol{b}) - 2(\boldsymbol{a}-\boldsymbol{b})$；

(2) $4(\boldsymbol{a}+3\boldsymbol{b}) - 3(\boldsymbol{a}-3\boldsymbol{b}) + (\boldsymbol{b}-\boldsymbol{a})$．

8. 如图，已知 $\boldsymbol{e}_1$，$\boldsymbol{e}_2$，在图上作出向量 $\boldsymbol{a}$，$\boldsymbol{b}$.

(1) $\boldsymbol{a} = 2\boldsymbol{e}_1 + 3\boldsymbol{e}_2$；　　　　　(2) $\boldsymbol{b} = 3\boldsymbol{e}_1 - 2\boldsymbol{e}_2$．

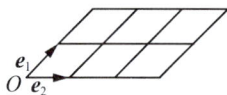
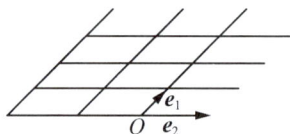

(第 8 题图)

**拓展训练**

已知点 $M$，$N$ 分别是 $\triangle ABC$ 中 $AB$，$AC$ 边上的点，且 $|\overrightarrow{AM}| = \dfrac{2}{3}|\overrightarrow{AB}|$，$|\overrightarrow{AN}| = \dfrac{2}{3}|\overrightarrow{AC}|$，求证：$\overrightarrow{MN}/\!/\overrightarrow{BC}$.

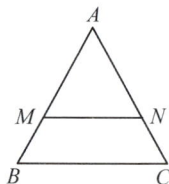

# §7.3 向量的坐标

改错与反思

## 知识要点

1. 设 $A=(x_1，y_1)$，$B=(x_2，y_2)$，则 $\overrightarrow{AB}=(x_2-x_1，y_2-y_1)$.

特别地：设 $O$ 是原点，$A=(x，y)$，则 $\overrightarrow{OA}=(x，y)$. $|\overrightarrow{OA}|=\sqrt{x^2+y^2}$.

2. 向量的坐标运算：

(1)设 $\boldsymbol{a}=(x_1，y_1)$，$\boldsymbol{b}=(x_2，y_2)$，

则 $\boldsymbol{a}+\boldsymbol{b}=(x_1+x_2，y_1+y_2)$，$\boldsymbol{a}-\boldsymbol{b}=(x_1-x_2，y_1-y_2)$.

(2)设 $\boldsymbol{a}=(x，y)$，$\lambda$ 为实数，则 $\lambda\boldsymbol{a}=(\lambda x，\lambda y)$.

3. 设 $\boldsymbol{a}=(x_1，y_1)$，$\boldsymbol{b}=(x_2，y_2)$，则 $\boldsymbol{a}//\boldsymbol{b}\Leftrightarrow\dfrac{x_1}{x_2}=\dfrac{y_1}{y_2}(x_2\neq0，y_2\neq0)$.

## 基础训练

### 一、选择题

1. 已知 $\boldsymbol{a}=4\boldsymbol{i}-5\boldsymbol{j}$，则 $\boldsymbol{a}$ 的坐标为(　　).

A. $\boldsymbol{a}=(4，5)$ 　　　B. $\boldsymbol{a}=(-4，5)$

C. $\boldsymbol{a}=(4，-5)$ 　　　D. $\boldsymbol{a}=(-4，-5)$

2. 与已知向量 $\boldsymbol{a}=(2，3)$ 平行的向量是(　　).

A. $(2，6)$ 　　　B. $(4，6)$

C. $(3，5)$ 　　　D. $(5，3)$

3. 已知 $\boldsymbol{a}=(3，1)$，$\boldsymbol{b}=(-2，5)$，则 $3\boldsymbol{a}-2\boldsymbol{b}=$(　　).

A. $(2，7)$ 　　　B. $(13，-7)$

C. $(2，-7)$ 　　　D. $(13，13)$

4. 已知 $A(5，-3)$，$B(-4，6)$，则 $\overrightarrow{AB}$ 的坐标为(　　).

A. $(9，-3)$ 　　　B. $(1，3)$

C. $(-9，9)$ 　　　D. $(9，-9)$

### 二、填空题

5. 已知向量 $\boldsymbol{a}=(4，-5)$，$\boldsymbol{b}=(-3，7)$，则 $\boldsymbol{a}+\boldsymbol{b}=$_____；$\boldsymbol{a}-\boldsymbol{b}=$_____；$4\boldsymbol{a}-3\boldsymbol{b}=$_____.

6. 已知线段 $AB$ 中，$A(-2，1)$，$B(1，3)$，$M$ 为 $AB$ 上一点，$\overrightarrow{AM}=-\dfrac{2}{3}\overrightarrow{AB}$，则 $M$ 的坐标为_____.

**改错与反思**

### 三、解答题

7. 已知向量 $a /\!/ b$，$a=(-2，3)$，$b=(1，x+2)$，求 $x$ 的值.

8. 平行四边形 $ABCD$ 的三个顶点为 $A(-2，1)$，$B(-1，3)$，$C(3，4)$，求点 $D$ 的坐标.

**拓展训练**

已知向量 $a=(1，2)$，$b=(2，3)$，若向量 $\lambda a+b$ 与向量 $c=(-4，-7)$ 共线，求 $\lambda$ 的值.

# §7.4  向量的内积

## 知识要点

1. 定义：已知两个非零向量 $a$ 与 $b$，它们的夹角为 $\theta$，则 $a \cdot b = |a||b|\cos\theta$.

2. 性质：(1) $a \perp b \Leftrightarrow a \cdot b = 0$；

(2) $a \cdot a = |a|^2$；

(3) $\cos\theta = \dfrac{a \cdot b}{|a||b|}(|a||b| \neq 0)$，其中 $\theta$ 为 $a$ 与 $b$ 的夹角.

3. 有关内积的坐标运算及性质：设向量 $a = (x_1, y_1)$ 与 $b = (x_2, y_2)$ 的夹角为 $\theta$，则

(1) $a \cdot b = x_1 \cdot x_2 + y_1 \cdot y_2$；　　　(2) $|a| = \sqrt{x_1^2 + y_1^2}$；

(3) $\cos\theta = \dfrac{x_1 \cdot x_2 + y_1 \cdot y_2}{\sqrt{x_1^2 + y_1^2} \cdot \sqrt{x_2^2 + y_2^2}}$；　(4) $a \perp b \Leftrightarrow a \cdot b = x_1 x_2 + y_1 y_2 = 0$.

## 基础训练

### 一、选择题

1. 设向量 $a$，$b$ 满足 $|a| = 1$，$|b| = 2$，$a$，$b$ 的夹角为 $\dfrac{\pi}{3}$，则 $a \cdot b =$ （　　）．

A. 1　　　　　　B. 2　　　　　　C. 3　　　　　　D. 5

2. 已知 $|a| = 6\sqrt{3}$，$|b| = \dfrac{1}{3}$，且 $a \cdot b = -3$，则 $a$ 与 $b$ 的夹角为（　　）．

A. $\dfrac{\pi}{2}$　　　　B. $\dfrac{\pi}{6}$　　　　C. $\dfrac{\pi}{3}$　　　　D. $\dfrac{5\pi}{6}$

3. 已知向量 $a = (1, -1)$，$b = (2, x)$，若 $a \cdot b = 1$，则 $x = $（　　）．

A. $-1$　　　　B. $-\dfrac{1}{2}$　　　　C. $\dfrac{1}{2}$　　　　D. 1

4. 向量 $a = (1, -2)$，$b = (x, 4)$，满足 $a \perp b$，则实数 $x = $（　　）．

A. 8　　　　　　B. $-8$　　　　　C. 2　　　　　　D. $-2$

### 二、填空题

5. 已知 $|a| = 5$，$|b| = 6$，$a$ 与 $b$ 夹角为 $45°$，则 $a \cdot b = $ _____．

6. 已知 $a = (\sqrt{3}, 1)$，$b = (\sqrt{3}, 0)$，则 $a \cdot b = $ _____．

**改错与反思**

三、解答题

7. 已知 $|\boldsymbol{a}| = 6$，$|\boldsymbol{b}| = 8$，$\boldsymbol{a}$ 与 $\boldsymbol{b}$ 夹角为 $120°$，求 $(2\boldsymbol{a}+\boldsymbol{b}) \cdot (\boldsymbol{a}-\boldsymbol{b})$ 与 $|\boldsymbol{a}+\boldsymbol{b}|$.

8. 已知 $\boldsymbol{a}=(-4，2)$，$\boldsymbol{b}=(-3，2)$，求 $\boldsymbol{a} \cdot (\boldsymbol{a}+\boldsymbol{b})$ 与 $|\boldsymbol{a}+\boldsymbol{b}|$.

**拓展训练**

在 $\triangle ABC$ 中，$AB=3$，$AC=2$，$BC=\sqrt{10}$，求 $\overrightarrow{AC} \cdot \overrightarrow{AB}$.

# 第7章综合练习

（时间：40分钟）

## 一、选择题

1. $D$ 是 $\triangle ABC$ 的边 $BC$ 上的一点，且 $BD=\dfrac{1}{3}BC$，设 $\overrightarrow{AB}=\boldsymbol{a}$，$\overrightarrow{AC}=\boldsymbol{b}$，则 $\overrightarrow{AD}=$（　　）．

    A. $\dfrac{1}{3}(\boldsymbol{a}-\boldsymbol{b})$          B. $\dfrac{1}{3}(\boldsymbol{b}-\boldsymbol{a})$

    C. $\dfrac{1}{3}(2\boldsymbol{a}+\boldsymbol{b})$          D. $\dfrac{1}{3}(2\boldsymbol{b}-\boldsymbol{a})$

2. 已知 $A(4，7)$，$B(9，2)$，则 $\overrightarrow{BA}$ 的坐标为（　　）．

    A. $(13，9)$     B. $(5，-5)$     C. $(-9，-13)$    D. $(-5，5)$

3. 下列命题正确的是（　　）．

    A. 对向量 $\boldsymbol{a}$，$\boldsymbol{b}$，如果 $\boldsymbol{b}=2\boldsymbol{a}$，则 $\boldsymbol{a}$ 与 $\boldsymbol{b}$ 是相反向量

    B. $\overrightarrow{AB}+\overrightarrow{AC}+\overrightarrow{BC}=0$

    C. 若 $\boldsymbol{a}$，$\boldsymbol{b}$ 是两个单位向量，则 $|\boldsymbol{a}|=|\boldsymbol{b}|$ 且 $\boldsymbol{a}\cdot\boldsymbol{a}=\boldsymbol{b}\cdot\boldsymbol{b}$

    D. 若 $\boldsymbol{a}\,/\!/\,\boldsymbol{b}$，则 $\boldsymbol{a}\cdot\boldsymbol{b}>0$

4. 已知向量 $\boldsymbol{a}=(m，1)$，若 $|\boldsymbol{a}|=2$，则 $m$ 的值为（　　）．

    A. $1$          B. $\sqrt{3}$          C. $\pm 1$          D. $\pm\sqrt{3}$

## 二、填空题

5. 化简：$(\overrightarrow{AD}-\overrightarrow{CE})+(\overrightarrow{OA}-\overrightarrow{OC})=$ _____．

6. 已知向量 $\boldsymbol{a}=(4，2)$，向量 $\boldsymbol{b}=(x，3)$，且 $\boldsymbol{a}\,/\!/\,\boldsymbol{b}$，则 $x=$ _____．

7. 已知向量 $\boldsymbol{a}=(1，1)$，$\boldsymbol{b}=(1，-1)$，$\boldsymbol{c}=(-1，2)$，则用 $\boldsymbol{a}$，$\boldsymbol{b}$ 来表示 $\boldsymbol{c}$，$\boldsymbol{c}=$ _____．

## 三、解答题

8. 向量 $\boldsymbol{a}=(1，2)$，$\boldsymbol{b}=(3，1)$，求 $2\boldsymbol{a}-\dfrac{1}{2}\boldsymbol{b}$ 的坐标．

**改错与反思**

9. 已知 $a = (3，1)$，$b = (-2，5)$，求 $(2a+b) \cdot (a-b)$.

10. 已知 $A(7，5)$，$B(2，3)$，$C(6，-7)$，试判断 $\triangle ABC$ 的形状.

# 第 7 章检测题

（时间：40 分钟　满分 100 分）

**一、选择题**（每小题 8 分，共 32 分）

1. 在矩形 $ABCD$ 中，点 $E$ 为 $CD$ 的中点，$\overrightarrow{AB}=a$，$\overrightarrow{AD}=b$，则 $\overrightarrow{BE}=$（　　）.

A. $-\dfrac{1}{2}a-b$　　　　　　B. $\dfrac{1}{2}a-b$

C. $-\dfrac{1}{2}a+b$　　　　　　D. $\dfrac{1}{2}a+b$

2. 在边长为 $\sqrt{2}$ 的正三角形 $ABC$ 中，$\overrightarrow{AB}\cdot\overrightarrow{AC}=$（　　）.

A. 1　　　B. 2　　　C. $-\sqrt{2}$　　　D. $-\dfrac{\sqrt{3}}{2}$

3. 已知 $a=(2,3)$，$b=(-1,2)$，则 $(a+2b)\cdot b=$（　　）.

A. 13　　　B. $-14$　　　C. 14　　　D. 30

4. 设向量 $\overrightarrow{AB}=(1,2)$，$\overrightarrow{BC}=(-2,t)$，且 $\overrightarrow{AB}\perp\overrightarrow{AC}$，则实数 $t$ 的值为（　　）.

A. $\dfrac{3}{2}$　　　　B. $-\dfrac{3}{2}$　　　　C. $\dfrac{1}{2}$　　　　D. 1

**二、填空题**（每小题 8 分，共 24 分）

5. 已知 $a=(3,6)$，$b=(-1,4)$，则 $3b-2a=$ _____ .

6. 已知 $|a|=5$，$|b|=4$，$\langle a,b\rangle=120°$，则 $a\cdot b=$ _____ .

7. 已知 $a=(3,2)$，$b=(0,-1)$，则 $2b-a=$ _____ .

**三、解答题**（8，9 题各 14 分；10 题 16 分，共 44 分）

8. 已知平行四边形 $ABCD$ 的顶点 $A(-1,2)$，$B(3,-1)$，$C(3,1)$，求顶点 $D$ 的坐标.

9. 已知向量 $a=(1,2)$，$b=(2,-3)$，若向量 $c$ 满足 $(c+a)\!/\!/b$，$c\perp(a+b)$，求 $c$.

10. 已知点 $D$ 与点 $A$，$B$，$C$ 构成平行四边形，且 $A$ 的坐标为 $(-2,1)$，$B$ 的坐标为 $(-1,3)$，$C$ 的坐标为 $(3,4)$，求点 $D$ 的坐标.

# 第8章 · 直线和圆的方程

## §8.1 两个基本公式

### 知识要点

1. 在平面直角坐标系内，已知两点 $P_1(x_1，y_1)$ 和 $P_2(x_2，y_2)$，那么点 $P_1$ 到点 $P_2$ 的距离为

$$|P_1P_2| = \sqrt{(x_2-x_1)^2 + (y_2-y_1)^2}.$$

2. 在平面直角坐标系内，已知两点 $P_1(x_1，y_1)$ 和 $P_2(x_2，y_2)$，那么线段 $P_1P_2$ 的中点坐标为

$$\begin{cases} x = \dfrac{x_1+x_2}{2}, \\ y = \dfrac{y_1+y_2}{2}. \end{cases}$$

### 基础训练

#### 一、选择题

1. 已知点 $A(-2，1)$，$B(2，-3)$，则线段 $AB$ 的长度为（　　）.

A. $\sqrt{2}$　　　　B. $2\sqrt{2}$　　　　C. $3\sqrt{2}$　　　　D. $4\sqrt{2}$

2. 已知点 $A(2，-3)$，$B(4，3)$，则线段 $AB$ 的中点坐标为（　　）.

A. $(3，-3)$　　B. $(3，0)$　　C. $(3，3)$　　D. $(2，0)$

3. 已知线段 $PQ$ 的中点坐标 $(2，2)$，点 $Q$ 的坐标为 $(4，-2)$，则点 $P$ 的坐标为（　　）.

A. $(2，-4)$　　B. $(3，0)$　　C. $(6，0)$　　D. $(0，6)$

**改错与反思**

4. 已知两点 $A(2,3)$ 和 $B(-1,b)$，且 $|AB|=\sqrt{13}$，则 $b$ 的值为（　　）.

A. 1 　　　　　　B. 5 　　　　　　C. 1 或 5 　　　　　　D. $-1$ 或 $-5$

**二、填空题**

5. 已知点 $P(-1,2)$，那么原点 $O$ 到点 $P$ 的距离为_____.

6. 已知点 $A(-2,1)$，线段 $AB$ 的中点坐标为 $(2,-3)$，则点 $B$ 的坐标为_____.

**三、解答题**

7. 已知三角形的顶点分别为 $A(2,-3)$，$B(6,0)$，$C(1,4)$，求 $\triangle ABC$ 三边的长.

8. 已知两点 $M(-5,m)$ 和 $N(n,12)$，且线段 $MN$ 的中点坐标是 $(3,-4)$，求 $m$ 和 $n$ 的值.

**拓展训练**

已知等腰三角形 $ABC$ 的顶点坐标分别为 $A(-2,3)$，$B(4,5)$，$C(2,1)$，求底边上的高.

# §8.2 直线的倾斜角及斜率

## 知识要点

1. 在平面直角坐标系中，直线 $l$ 向上的方向与 $x$ 轴正方向所夹的最小正角叫作直线 $l$ 的倾斜角，通常用 $\alpha$ 表示.

2. 直线 $l$ 的倾斜角 $\alpha$ 的取值范围是 $0° \leqslant \alpha < 180°$（或 $0 \leqslant \alpha < \pi$）.

3. 直线 $l$ 的倾斜角 $\alpha$（不是 $90°$）的正切值叫作这条直线的斜率. 直线的斜率通常用 $k$ 表示.

4. 已知直线 $l$ 经过两点 $P_1(x_1，y_1)$，$P_2(x_2，y_2)$，则直线的斜率

$$k = \tan \alpha = \frac{y_2 - y_1}{x_2 - x_1}(x_1 \neq x_2).$$

## 基础训练

### 一、选择题

1. 已知直线 $l$ 的倾斜角 $\alpha = \dfrac{\pi}{4}$，则直线 $l$ 的斜率为（     ）.

A. $\dfrac{\sqrt{3}}{3}$　　　B. $1$　　　C. $\sqrt{3}$　　　D. 不存在

2. 已知直线 $l$ 的斜率是 $\sqrt{3}$，则直线 $l$ 的倾斜角 $\alpha =$（     ）.

A. $60°$　　　B. $45°$　　　C. $30°$　　　D. $90°$

3. 经过两点 $A(-1，0)$，$B(2，3)$ 的直线的斜率 $k$ 为（     ）.

A. $1$　　　B. $-1$　　　C. $0$　　　D. 不存在

4. 经过两点 $M(-1，0)$，$N(0，\sqrt{3})$ 的直线的倾斜角 $\alpha =$（     ）.

A. $45°$　　　B. $60°$　　　C. $30°$　　　D. $\dfrac{\pi}{6}$

### 二、填空题

5. 已知直线的倾斜角为 $30°$，则直线的斜率 $k =$ _____.

6. 经过两点 $A(-2，1)$，$B(2，-3)$ 的直线的斜率 $k =$ _____.

### 三、解答题

7. 经过两点 $A(3，-5)$，$B(-10，b)$ 的直线的斜率为 $2$，求 $b$ 的值.

**改错与反思**

8. 已知直线 $l$ 的倾斜角为 $30°$，且过点 $P(1，2)$ 和 $Q(x，0)$，求该直线的斜率和 $x$ 的值.

**拓展训练**

在同一平面直角坐标系中作出经过点 $P(4，0)$，且倾斜角分别为 $30°$ 和 $120°$ 的两条直线.

# §8.3 直线方程

## 8.3.1—8.3.2 曲线与方程和直线的点斜式方程

### 知识要点

1. 平面内的一条曲线(直线),可以看作适合某种条件的点的集合. 在平面直角坐标系内,由于点可以用坐标$(x,y)$来表示,所以曲线(直线)上所有的点适合的条件可以用含有$x$,$y$的方程$f(x,y)=0$来表示.

2. 已知直线$l$的斜率是$k$,并且经过点$P_1(x_1,y_1)$,那么直线$l$的点斜式方程是$y-y_1=k(x-x_1)$.

3. 若直线$l$与$x$轴平行或重合,且过点$P_1(x_1,y_1)$,则$l$的方程为$y=y_1$;若直线$l$与$y$轴平行或重合,且过点$P_1(x_1,y_1)$,则$l$的方程为$x=x_1$.

### 基础训练

**一、选择题**

1. 直线$y=2x+1$一定过点(    ).

A. $(0,-1)$    B. $(1,-1)$    C. $(-1,-1)$    D. $(-1,0)$

2. 已知直线$l$的点斜式方程是$y-3=\dfrac{1}{5}(x-2)$,则直线$l$的斜率$k$为(    ).

A. 0    B. $\dfrac{1}{5}$    C. $\dfrac{1}{2}$    D. 不存在

3. 已知直线$ax+2y-1=0$过点$(1,-1)$,则$a$的值为(    ).

A. 1    B. 2    C. 3    D. 4

4. 过点$(2,-1)$且平行于$y$轴的直线是(    ).

A. $x=2$    B. $x=-1$    C. $y=2$    D. $y=-1$

**二、填空题**

5. 点$P(-1,b)$在直线$y=3x+1$上,则$b=$_____.

6. 经过点$P(-1,3)$,且斜率$k=1$的直线$l$的点斜式方程为_____.

**三、解答题**

7. 判断点$P(0,-1)$,$Q(2,-3)$是否在直线$2x+y+1=0$上.

改错与反思

改错与反思

8. 求经过点 $P(2，5)$，倾斜角为 $120°$ 的直线的点斜式方程.

拓展训练

求经过两点 $A(2，6)$ 和 $B(-1，2)$ 的直线的点斜式方程.

# 8.3.3 直线的斜截式方程

## 知识要点

1. 已知直线 $l$ 与 $y$ 轴的交点是 $(0，b)$，则 $b$ 叫作直线 $l$ 在 $y$ 轴上的截距（或纵截距）.

2. 已知直线 $l$ 的斜率是 $k$，与 $y$ 轴的交点是 $(0，b)$，那么直线 $l$ 的斜截式方程是 $y=kx+b$.

## 基础训练

### 一、选择题

1. 直线 $y=2x-1$ 与 $y$ 轴的交点坐标为（    ）.

A.（0，$-1$）            B.（1，1）

C.（$-1$，$-3$）        D.$\left(\dfrac{1}{2}，0\right)$

2. 直线 $y=\dfrac{2}{3}x-m$ 过点（3，1），则 $m$ 的值为（    ）.

A.$-1$        B. 0        C. 1        D. 2

3. 已知直线 $l$ 的斜截式方程是 $y=-x-7$，则直线 $l$ 的纵截距 $b=$（    ）.

A.$-1$        B. 1        C.$-7$        D. 7

4. 方程 $y=k(x-2)$（$k$ 存在）表示（    ）.

A. 通过点（$-2$，0）的所有直线

B. 通过点（2，0）的所有直线

C. 通过点（2，0）且不垂直于 $x$ 轴的直线

D. 通过点（2，0）且除去 $x$ 轴的直线

### 二、填空题

5. 已知直线 $l$ 的斜截式方程是 $y=-\dfrac{1}{2}x+3$，则直线 $l$ 的斜率 $k=$ _____，它与 $y$ 轴的交点为 _____.

6. 斜率是 $\dfrac{\sqrt{5}}{2}$，在 $y$ 轴上的截距是 $-3$ 的直线的斜截式方程为 _____.

### 三、解答题

7. 求斜率是 3，且与 $y$ 轴的交点是 $\left(0，-\dfrac{2}{3}\right)$ 的直线 $l$ 的斜截式方程.

**改错与反思**

8. 求经过点 $P(1，-2)$，倾斜角为 $135°$ 的直线 $l$ 的斜截式方程.

**拓展训练**

已知直线 $l$ 过点 $A(-2，1)$，$B(1，3)$．求：

(1)直线 $l$ 的斜率；

(2)直线 $l$ 的斜截式方程；

(3)直线 $l$ 与坐标轴围成的三角形的面积.

# 8.3.4　直线的一般式方程

## 知识要点

直线的一般式方程是 $Ax+By+C=0(A，B$ 不同时为 0$)$.

一般情况下求出的直线方程要转化成直线的一般式方程.

## 基础训练

### 一、选择题

1. 直线 $l$ 的方程为 $3x+2y-6=0$，则直线 $l$ 的斜率为(　　).

A. $-\dfrac{2}{3}$　　　　B. $-\dfrac{3}{2}$　　　　C. 2　　　　D. $-2$

2. 斜率是 $-1$，且与 $y$ 轴的交点是 $(0，-3)$ 的直线 $l$ 的一般式方程为(　　).

A. $y=-x+3$　　　　　　　　B. $x+y+3=0$

C. $x-y+3=0$　　　　　　　D. $x+3y-1=0$

3. 过点 $(1，2)$ 和 $(2，1)$ 的直线方程为(　　).

A. $x+y-3=0$　　　　　　　B. $x-y+1=0$

C. $x-y-1=0$　　　　　　　D. $3x-y+1=0$

4. 已知直线 $l$ 的方程为 $x-3y-6=0$，则直线 $l$ 与坐标轴围成的三角形的面积是(　　).

A. 3　　　　B. 6　　　　C. 9　　　　D. 12

### 二、填空题

5. 已知直线 $l$ 的一般式方程是 $x-2y-1=0$，则 $A=$ _____，$B=$ _____，$C=$ _____.

6. 已知点 $A(1，2)$ 在直线 $ax+2y+3=0$ 上，则 $a=$ _____.

### 三、解答题

7. 求经过点 $P(2，\sqrt{3})$，且倾斜角是 $30°$ 的直线 $l$ 的一般式方程.

**改错与反思**

8. 已知直线 $l$ 经过两点 $A(0,-4)$ 和 $B(3,0)$，求它的斜截式方程和一般式方程.

**拓展训练**

已知直线过点 $P(2,1)$，且与两坐标轴的正半轴分别交于 $A$，$B$ 两点，当 $\triangle AOB$ 的面积为 4 时，求此直线的方程.

# §8.4　两条直线的位置关系

## 8.4.1　平行、重合和相交的充要条件

### 知识要点

1. 当两条直线的斜率都不存在时，两条直线的位置关系为重合或平行.

2. 当两条直线的斜率都存在时，设直线 $l_1$ 的方程为 $y=k_1x+b_1$，直线 $l_2$ 的方程为 $y=k_2x+b_2$：

(1) $l_1 /\!/ l_2 \Leftrightarrow k_1=k_2$ 且 $b_1 \neq b_2$；

(2) $l_1$ 与 $l_2$ 重合 $\Leftrightarrow k_1=k_2$ 且 $b_1=b_2$；

(3) $l_1$ 与 $l_2$ 相交 $\Leftrightarrow k_1 \neq k_2$.

### 基础训练

#### 一、选择题

1. 直线 $l$ 的方程为 $y=-3x+2$，则直线 $l$ 的斜率为(　　).

A. 3　　　　　B. $-3$　　　　　C. 2　　　　　D. $-2$

2. 直线 $l$ 的方程为 $y=-4x-2$，若直线 $m$ 平行于直线 $l$，则直线 $m$ 的斜率为(　　).

A. $-4$　　　　　B. $-2$　　　　　C. 2　　　　　D. 4

3. 直线 $y=2x+3$ 与直线 $y=2x-5$ 的位置关系是(　　).

A. 平行　　　　　B. 垂直　　　　　C. 重合　　　　　D. 相交

4. 过点 $P(1,0)$，且与直线 $y=\dfrac{1}{2}x+1$ 平行的直线的方程为(　　).

A. $y=2x-2$　　　　　　　　　B. $y=\dfrac{1}{2}x+\dfrac{1}{2}$

C. $y=-\dfrac{1}{2}x+\dfrac{1}{2}$　　　　　　　　D. $y=\dfrac{1}{2}x-\dfrac{1}{2}$

#### 二、填空题

5. 直线 $y=\dfrac{1}{3}x$ 与 $y=\dfrac{1}{3}x+2$ 的位置关系为_____.

6. 直线 $x+y-1=0$ 与 $2x-2y+1=0$ 的位置关系为_____.

#### 三、解答题

7. 判断下列直线的位置关系.

(1) $y=x+1$ 与 $y=x$；

改错与反思

(2)$y=x+1$ 与 $3x+3y+2=0$；

(3)$x+y+2=0$ 与 $2x+2y+4=0.$

8. 求过点 $M(1，0)$，且与直线 $3x-4y+5=0$ 平行的直线的方程.

拓展训练

在 $\triangle ABC$ 中，$A(-1，3)$，$B(1，-5)$，$C(-3，4)$，求：

(1)直线 $AB$ 的方程；

(2)过点 $C$ 且平行于 $AB$ 的直线的方程.

# 8.4.2 两条直线垂直

## 知识要点

设直线 $l_1$ 与 $l_2$ 的斜率分别为 $k_1$，$k_2$，则 $l_1 \perp l_2 \Leftrightarrow k_2 = -\dfrac{1}{k_1}$（$k_1$，$k_2$ 都存在且均不为 $0$）或在 $k_1$，$k_2$ 中，其中一个不存在，另一个为 $0$.

## 基础训练

### 一、选择题

1. 若直线 $l_1$ 与 $l_2$ 垂直，$l_1$ 的方程为 $3x + By - 1 = 0$，$l_2$ 的方程为 $2x - y - 3 = 0$，则 $B$ 的值为（    ）.

A. 6          B. $-6$          C. $-5$          D. 5

2. 过点 $(1，0)$ 且与直线 $x - y = 0$ 平行的直线的方程为（    ）.

A. $x + y - 1 = 0$          B. $x - y + 1 = 0$

C. $x + y + 1 = 0$          D. $x - y - 1 = 0$

3. 若直线 $l_1$ 与 $l_2$ 垂直，$l_1$ 的方程为 $y = -3x + 1$，$l_2$ 的方程为 $y = \dfrac{1}{a}x - 1$，则 $a$ 的值为（    ）.

A. 1          B. 2          C. 3          D. 4

4. 点 $P(4，2)$ 关于直线 $x - y = 0$ 的对称点坐标为（    ）.

A. $(-4，-2)$          B. $(-4，2)$

C. $(2，-4)$          D. $(2，4)$

### 二、填空题

5. 经过点 $(1，3)$ 且与直线 $x - 2y + 4 = 0$ 垂直的直线的方程为 ＿＿＿＿＿＿＿＿＿＿.

6. 若直线 $x + By + 1 = 0$ 与 $2x - 3y + \sqrt{5} = 0$ 垂直，则 $B =$ ＿＿＿＿＿.

### 三、解答题

7. 判断下列各对直线是否垂直.

(1) $x - 3y - 1 = 0$ 与 $3x + y + 5 = 0$；

(2) $x - y + 2 = 0$ 与 $x + 2y - 1 = 0$；

(3)$x+2y+2=0$ 与 $4x-8y-1=0$.

**改错与反思**

8. 求经过点 $P(5，-2)$，且与直线 $3x-4y+7=0$ 平行的直线的方程.

**拓展训练**

已知两点 $A(-3，0)$，$B(6，-1)$，求线段 $AB$ 的垂直平分线的方程.

# §8.5 两条相交直线的交点坐标

## 知识要点

已知直线 $A_1x+B_1y+C_1=0$ 与直线 $A_2x+B_2y+C_2=0$ 不平行、不重合，

则它们一定相交；它们的交点坐标是方程组 $\begin{cases} A_1x+B_1y+C_1=0, \\ A_2x+B_2y+C_2=0 \end{cases}$ 的解.

## 基础训练

### 一、选择题

1. 直线 $2x-3y-12=0$ 与 $x$ 轴的交点坐标为( ).

A. $(-4,0)$                  B. $(0,-4)$

C. $(6,0)$                  D. $(0,6)$

2. 直线 $3x-2y-6=0$ 与 $y$ 轴的交点坐标为( ).

A. $(2,0)$                  B. $(0,2)$

C. $(-3,0)$                 D. $(0,-3)$

3. 直线 $x+2y+1=0$ 与直线 $2x+3y+1=0$ 的交点坐标为( ).

A. $(1,1)$                  B. $(1,-1)$

C. $(-1,-1)$                D. $(0,1)$

4. 直线 $x+y-2=0$ 和 $x+2y+1=0$ 与 $x$ 轴围成的三角形的面积是( ).

A. $\dfrac{5}{2}$        B. $3$        C. $4$        D. $\dfrac{9}{2}$

### 二、填空题

5. 直线 $2x-3y-12=0$ 与 $-x+5y=0$ 的交点坐标为_____.

6. 已知直线 $y=\dfrac{1}{3}x-b$ 经过点 $P(-6,7)$，则 $b=$_____.

### 三、解答题

7. 直线 $2x-4y-3=0$ 与直线 $x+y+\dfrac{9}{2}=0$ 相交于点 $P$，

(1)求出点 $P$ 的坐标；

(2)求经过点 $P$，且与直线 $3x+y-3=0$ 平行的直线的方程.

**改错与反思**

8. 若 $A(-1，3)$，$B(1，-5)$，求(1)线段 $AB$ 的中点坐标；(2)线段 $AB$ 的垂直平分线的方程.

**拓展训练**

生产某种产品，日产量 $x$(件)与每天的总成本 $y$(元)之间的关系为 $y=3\,600+18x$，若每件产品出厂价为 27 元，试求这项生产的盈亏转折点.

# §8.6 点到直线的距离、两条平行线之间的距离

改错与反思

## 知识要点

1. 点 $P(x_0, y_0)$ 到直线 $Ax+By+C=0$ 的距离为

$$d=\frac{|Ax_0+By_0+C|}{\sqrt{A^2+B^2}}.$$

2. 直线 $l_1$ 与 $l_2$ 平行，$l_1$ 与 $l_2$ 的方程分别为 $Ax+By+C_1=0$，$Ax+By+C_2=0$，则两平行线之间的距离为 $d=\frac{|C_2-C_1|}{\sqrt{A^2+B^2}}$.

## 基础训练

### 一、选择题

1. 点 $Q(-1, 1)$ 到直线 $\sqrt{3}x-y+\sqrt{3}=0$ 的距离为(    ).

A. $\frac{7}{25}$        B. $\frac{7}{5}$        C. $\frac{1}{5}$        D. $\frac{1}{2}$

2. 点 $P\left(3, -\frac{1}{2}\right)$ 到直线 $x+2=0$ 的距离为(    ).

A. 3        B. 5        C. 6        D. 7

3. 坐标原点到直线 $x+2y+1=0$ 的距离为(    ).

A. $\frac{\sqrt{5}}{5}$        B. 1        C. 2        D. $\sqrt{5}$

4. 点 $P(2, 1)$ 到直线 $3x+4y+5=0$ 的距离为(    ).

A. 1        B. 2        C. 3        D. 4

### 二、填空题

5. 点 $P(-2, 1)$ 到直线 $3x-4y+1=0$ 的距离为_____.

6. 点 $M(1, -\sqrt{3})$ 到直线 $2x=3$ 的距离为_____.

### 三、解答题

7. 已知点 $M(m, 0)$ 到直线 $x+2=0$ 的距离为 $\sqrt{3}$，求 $m$ 的值.

改错与反思

8. 已知点 $P(2,-1)$ 到直线 $3x-y+C=0$ 的距离为 $\sqrt{10}$，求 $C$ 的值.

拓展训练

求两平行直线 $9x-3y-1=0$ 与 $3x-y+5=0$ 之间的距离.

# §8.7　圆的方程

## 8.7.1　圆的标准方程

**知识要点**

1. 圆的定义：平面内到定点的距离等于定长的点的轨迹叫作圆．定点叫圆心，定长叫半径．

2. 圆的标准方程为$(x-a)^2+(y-b)^2=r^2(r>0)$，其中圆心坐标为$(a,b)$，半径为$r$．

**基础训练**

**一、选择题**

1. 若圆的方程为$x^2+(y+1)^2=4$，则圆心坐标和半径分别为(　　)．

A. $(0,1)$，2　　　　　　B. $(0,1)$，4

C. $(0,-1)$，2　　　　　D. $(0,-1)$，4

2. 已知圆的半径为2，圆心$C$的坐标为$(-1,1)$，则圆的标准方程为(　　)．

A. $(x-1)^2+(y+1)^2=2$　　B. $(x-1)^2+(y+1)^2=4$

C. $(x+1)^2+(y-1)^2=2$　　D. $(x+1)^2+(y-1)^2=4$

3. 已知圆的方程为$(x+1)^2+(y-3)^2=13$，则点(　　)在圆上．

A. $(1,6)$　　　　　　B. $(-1,6)$

C. $(1,-6)$　　　　　D. $(-1,-6)$

4. 点$P(1,-6)$与圆$x^2+y^2=1$的位置关系是(　　)．

A. $P$在圆内　　　　　B. $P$在圆外

C. $P$在圆上　　　　　D. $P$在圆内且是圆心

**二、填空题**

5. 圆$(x-5)^2+(y+3)^2=7$的圆心坐标为_____，半径为_____．

6. 若圆$(x-2)^2+(y-k)^2=4$经过点$A(2,-1)$，则$k=$_____．

**三、解答题**

7. 根据下列圆的标准方程，写出圆心坐标和半径.

(1) $\left(x-\dfrac{1}{2}\right)^2+y^2=8$；

(2) $x^2+y^2=13$.

**改错与反思**

8. 已知圆心为 $(1，0)$ 的圆经过点 $\left(\dfrac{1}{2}，\dfrac{\sqrt{3}}{2}\right)$，求圆的标准方程.

**拓展训练**

判断点 $A(-5，3)$，$B(1，0)$ 与圆 $(x+2)^2+(y-3)^2=9$ 的位置关系.

## 8.7.2 圆的一般方程

改错与反思

### 知识要点

1. 圆的一般方程为 $x^2+y^2+Dx+Ey+F=0$.

2. 圆的方程是关于 $x$，$y$ 的二元二次方程，并且 $x^2$，$y^2$ 的系数为 1(或为相等的不为 0 的实数)，没有 $xy$ 项.

3. 注意：(1)当 $D^2+E^2-4F>0$ 时，$x^2+y^2+Dx+Ey+F=0$ 这个二元二次方程一定是圆的方程. 其圆心坐标为 $\left(-\dfrac{D}{2}, -\dfrac{E}{2}\right)$，半径为 $\dfrac{\sqrt{D^2+E^2-4F}}{2}$.

(2)当 $D^2+E^2-4F=0$ 时，这个二元二次方程表示一个点，且点的坐标为 $\left(-\dfrac{D}{2}, -\dfrac{E}{2}\right)$.

(3)当 $D^2+E^2-4F<0$ 时，这个二元二次方程不表示任何图形.

### 基础训练

#### 一、选择题

1. 圆 $x^2+y^2+6x-10y=30$ 的圆心坐标及半径分别为( ).

A. $(3, -5)$, 8　　　　B. $(3, -5)$, 64

C. $(-3, 5)$, 8　　　　D. $(-3, 5)$, 64

2. 圆 $x^2+y^2-2x+2y=0$ 的周长为( ).

A. $\sqrt{2}\pi$　　B. $2\sqrt{2}\pi$　　C. $2\pi$　　D. $4\sqrt{2}$

3. 设线段 $AB$ 是以点 $C(1, 1)$ 为圆心的圆的一条直径，已知点 $A$ 为 $(3, -1)$，则点 $B$ 的坐标为( ).

A. $(-2, 2)$　　　　B. $(2, 0)$

C. $(-1, 2)$　　　　D. $(-1, 3)$

4. 已知圆 $x^2+y^2+ax+by-6=0$ 的圆心为 $(4, 3)$，则半径为( ).

A. 5　　B. 25　　C. $\sqrt{19}$　　D. $\sqrt{31}$

#### 二、填空题

5. 圆 $x^2+y^2+2x-4y=0$ 的面积为_____.

6. 圆心为 $(-3, 0)$，半径为 2 的圆的一般方程为_____.

**改错与反思**

## 三、解答题

7. 下列方程表示的图形是不是圆？如果是圆，写出圆心坐标和半径.

(1) $x^2+y^2-2x+4y+1=0$；

(2) $x^2+y^2+6x-8y+25=0$；

(3) $x^2+y^2+x+2y+8=0$.

8. 已知某圆过点 $(0，0)$，$(2，0)$，$(1，1)$，求：

(1) 圆的方程；

(2) 圆的圆心坐标和半径.

**拓展训练**

已知方程 $x^2+y^2-4x+10y+F=0$ 表示一个圆，求 $F$ 的取值范围.

## 8.7.3 圆的方程的确定

改错与反思

### 知识要点

1. 求圆的标准方程的条件是：确定圆心坐标和半径.

2. 求圆的一般方程，需要确定方程中一次项的系数 $D$，$E$ 和常数项 $F$.

### 基础训练

**一、选择题**

1. 圆心为 $(0，0)$，半径为 $2$ 的圆的标准方程为(    ).

  A. $x^2 + y^2 = 1$          B. $x^2 + y^2 = 2$

  C. $x^2 + y^2 = \dfrac{1}{4}$         D. $x^2 + y^2 = 4$

2. 已知点 $P_1(2，-2)$，$P_2(2，0)$，则以 $P_1P_2$ 为直径的圆的方程为(    ).

  A. $(x-2)^2 + (y+1)^2 = 1$      B. $(x-2)^2 + (y-1)^2 = 1$

  C. $(x-2)^2 + (y+1)^2 = 9$      D. $(x+2)^2 + (y-1)^2 = 9$

3. 与圆 $x^2 + y^2 - 4x + 6y - 3 = 0$ 的圆心相同，且经过点 $(-1，1)$ 的圆的方程为(    ).

  A. $(x-2)^2 + (y+3)^2 = 25$     B. $(x-2)^2 + (y+3)^2 = 5$

  C. $(x-2)^2 + (y-3)^2 = 25$     D. $(x+2)^2 + (y-3)^2 = 5$

4. 已知圆 $x^2 + y^2 + ax + by - 6 = 0$ 的圆心坐标为 $(2，1)$，则圆的半径为(    ).

  A. $\sqrt{5}$      B. $\sqrt{11}$      C. $2\sqrt{11}$      D. $\sqrt{31}$

**二、填空题**

5. 到点 $(-1，2)$ 的距离为 $3$ 的点的轨迹方程为 _____.

6. 圆心为 $(1，2)$，且过点 $(2，-3)$ 的圆的方程为 _____.

**三、解答题**

7. 已知圆过点 $A(2，0)$，$B(0，4)$，$C(0，0)$，求圆的方程及圆心坐标和半径.

改错与反思

8.已知圆过两点 $A(1，-1)$，$B(3，1)$，且圆心在 $y$ 轴上，求圆的方程．

拓展训练

已知 $A(-1，3)$，$B(0，2)$，$C(1，-1)$，求 $\triangle ABC$ 的外接圆的方程．

# §8.8　直线与圆的位置关系

改错与反思

## 知识要点

1. 圆和直线的位置关系，可以通过比较圆心到直线的距离 $d$ 与圆的半径 $r$ 来确定. 若 $d<r$，则直线与圆相交；若 $d=r$，则直线与圆相切；若 $d>r$，则直线与圆相离.

2. 直线的方程为 $Ax+By+C=0$，圆的方程为 $x^2+y^2+Dx+Ey+F=0$，圆和直线的位置关系若用解方程组 $\begin{cases} Ax+By+C=0, \\ x^2+y^2+Dx+Ey+F=0 \end{cases}$ 的方法来确定，则当方程组有两组实数解时，直线与圆相交；当方程组有一组实数解时，直线与圆相切；当方程组没有实数解时，直线与圆相离.

## 基础训练

### 一、选择题

1. 直线 $3x-4y+5=0$ 与圆 $x^2+y^2=1$ 的位置关系是(　　).

A. 相切　　　　　　　　　　B. 相离

C. 相交过圆心　　　　　　　D. 相交不过圆心

2. 直线 $x+y-2=0$ 与圆 $(x-1)^2+(y-1)^2=1$ 的位置关系是(　　).

A. 相切　　　　　　　　　　B. 相离

C. 相交过圆心　　　　　　　D. 相交不过圆心

3. 圆 $x^2+y^2-4x+6y-3=0$ 与直线 $x-y+2=0$ 的交点有(　　).

A. 0个　　　　　　　　　　B. 1个

C. 2个　　　　　　　　　　D. 2个以上

4. 经过圆 $x^2+y^2+2x=0$ 的圆心，且与直线 $x+y=0$ 垂直的直线的方程为(　　).

A. $x+y-1=0$　　　　　　B. $x-y+1=0$

C. $x+y+1=0$　　　　　　D. $x-y-1=0$

### 二、填空题

5. 以 $(1,2)$ 为圆心，且与直线 $3x+4y-1=0$ 相切的圆的方程为_____.

6. 直线 $y=kx$ 与圆 $(x-1)^2+(y+2)^2=4$ 无公共点，则 $k$ 的取值范围为_____.

三、解答题

改错与反思

7. 求经过圆 $x^2+y^2=25$ 上一点 $P(3，-4)$ 的圆的切线方程.

8. 已知直线 $2x-y+m=0$ 和圆 $x^2+y^2=1$，则当 $m$ 为何值时，直线与圆相交、相切、相离？

拓展训练

求经过点 $A(2，-1)$，与直线 $x-y-1=0$ 相切，并且圆心在直线 $y=-2x$ 上的圆的方程.

# §8.9 圆的方程的简单应用

📖 **基础训练**

1. 为了修复一个残破圆轮需测出它的半径，将残破圆轮放在平面直角坐标系中，测得圆轮边缘上的三点坐标为$(-1，0)$，$(1，2)$，$(0，-\sqrt{3})$，求这个圆轮的半径.

2. 某一座圆拱桥的跨度为 37.4 m，圆拱的高约为 7.2 m，求这座圆拱桥的拱圆的方程(精确到 0.1 m).

3. 如图，某地区有一座跨度 $AB=20$ m，拱高 $OP=4$ m 的圆拱桥，每隔 4 m 有一个支柱支撑，求支柱 $A_4P_4$ 的长度(精确到 0.01 m).

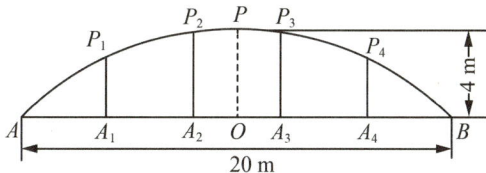

(第 3 题图)

# 第 8 章综合练习

（时间：40 分钟）

**一、选择题**

1. 直线 $3x-y+5=0$ 的斜率为（　　）.

A. 3　　　　B. $-3$　　　　C. $\dfrac{1}{3}$　　　　D. $-\dfrac{1}{3}$

2. 经过点 $M(-3，0)$，$N(0，\sqrt{3})$ 的直线的倾斜角 $\alpha=$（　　）.

A. $45^\circ$　　　B. $30^\circ$　　　C. $60^\circ$　　　D. $135^\circ$

3. 直线 $2x-y+5=0$ 与圆 $x^2+y^2-4y+3=0$ 的位置关系是（　　）.

A. 相交且过圆心　　　　　　B. 相交且不过圆心

C. 相切　　　　　　　　　　D. 相离

4. 圆 $x^2+y^2-2x-7y-8=0$ 与 $x$ 轴交于 $A$，$B$ 两点，则 $|AB|=$（　　）.

A. 9　　　　B. 7　　　　C. 6　　　　D. 2

**二、填空题**

5. 若点 $P(3，4)$ 是线段 $AB$ 的中点，点 $A$ 的坐标为 $(-1，2)$，则点 $B$ 的坐标为_____.

6. 点 $P(-3，1)$ 到直线 $3x+4y+10=0$ 的距离为_____.

7. 圆心为 $(3，-5)$ 且与直线 $x-7y+2=0$ 相切的圆的标准方程为_____.

**三、解答题**

8. 求过点 $A(-2，3)$，且与直线 $3x-4y+8=0$ 平行的直线的方程.

9. 已知某圆的圆心为(1，1)，且过点(2，1)，直线 $l$ 的方程为 $2x-2y-1=0$．求：

(1)该圆的标准方程；

(2)判断直线 $l$ 与圆的位置关系．

10. 求斜率为 $-2$，且与圆 $(x+5)^2+(y-1)^2=20$ 相切的直线的方程．

改错与反思

# 第 8 章检测题

(时间：40 分钟 满分 100 分)

**一、选择题**(每小题 8 分，共 32 分)

1. 经过点 $P(1，3)$ 和 $Q(5，-k)$ 的直线的斜率等于 1，那么 $k$ 的值为( ).

A．$-7$ 　　　B．$4$ 　　　C．$1$ 　　　D．$-1$

2. 圆 $x^2+y^2-4x-2y+1=0$ 的圆心坐标及半径分别为( ).

A．$(2，1)，4$ 　　　　　B．$(2，1)，2$

C．$(-2，-1)，4$ 　　　　D．$(-2，-1)，2$

3. 圆心为 $(-5，3)$ 且与 $y$ 轴相切的圆的方程为( ).

A．$(x-5)^2+(y+3)^2=25$ 　　　B．$(x-5)^2+(y+3)^2=9$

C．$(x+5)^2+(y-3)^2=25$ 　　　D．$(x+5)^2+(y-3)^2=9$

4. 半径为 3 且与 $y$ 轴相切于原点的圆的方程为( ).

A．$(x-3)^2+y^2=9$

B．$(x+3)^2+y^2=9$

C．$x^2+(y+3)^2=9$

D．$(x-3)^2+y^2=9$ 或 $(x+3)^2+y^2=9$

**二、填空题**(每小题 8 分，共 24 分)

5. 直线 $x-2=0$ 和直线 $y+5=0$ 的交点为_____．

6. 过点 $M(1，2)$ 且和圆 $x^2+y^2=5$ 相切的切线方程为_____．

7. 若直线 $3x-2y+7=0$ 与直线 $Ax+3y-8=0$ 平行，则 $A=$_____．

**三、解答题**(第 8 题、9 题各 10 分，第 10 题、11 题各 12 分，共 44 分)

8. 求过点 $A(-2，3)$ 且与直线 $3x-4y+8=0$ 垂直的直线的方程．

9. 一个圆经过三点 $A(0，2)$，$B(2，0)$，$C(4，0)$，求该圆的方程和半径.

改错与反思

10. $k$ 分别取何值时，直线 $x-y-k=0$ 与圆 $x^2+y^2=4$ 相交、相切、相离?

11. 求过点 $M(2，-2)$ 且与圆 $x^2+y^2-2x=0$ 相切的直线的方程.

# 第9章·立体几何

改错与反思

## §9.1　平面的基本性质

### 9.1.1　点、线、面

**知识要点**

1. 平面是平坦、没有厚度，向四周无限延展的图形．

2. 平面的表示：通常用一个平行四边形来代表平面．通常用小写希腊字母 $\alpha$，$\beta$，$\gamma$，…来标记，把它写在表示平面的平行四边形的一个角上；还可以用表示平面的平行四边形的顶点字母来标记，或用表示平面的平行四边形的两个对角的顶点字母来标记．根据具体情况，有时也用其他的平面图形表示平面，如圆、三角形、梯形等．

3. 点、线、面之间的关系：直线和平面都可以看作是点的集合，因此可以用集合的符号表示点、线、面之间的关系．

**基础训练**

一、选择题

1. 下面的说法中，正确的是(　　)．

A. 平面就是平行四边形

B. 任何一个平面图形都是一个平面

C. 平静的太平洋海面是平面

D. 圆和平面多边形都可以表示平面

2. 点 $M$ 在直线 $m$ 上，直线 $m$ 在平面 $\beta$ 内，则 $M$，$m$，$\beta$ 之间的关系可记作(　　).

A. $M \in m \in \beta$　　　　　　　　B. $M \in m \subsetneqq \beta$

C. $M \subsetneqq m \subsetneqq \beta$　　　　　　　　D. $M \subsetneqq m \in \beta$

**二、填空题**

3. 如果直线 $l$ 上的所有点都在平面 $\alpha$ 内，就说直线 $l$ 在平面 $\alpha$ 内，或说平面 $\alpha$ 经过直线 $l$，记作_____.

4. 如果直线 $l$ 上的所有点都在平面 $\alpha$ 外，就说直线 $l$ 在平面 $\alpha$ 外，记作_____.

5. 点 $P$ 在直线 $l$ 上，记作 $P$ ＿＿＿ $l$；点 $Q$ 不在直线 $l$ 上，记作 $Q$ ＿＿＿ $l$.
点 $A$ 在平面 $\alpha$ 内，记作 $A$ ＿＿＿ $\alpha$；点 $B$ 在平面 $\alpha$ 外，记作 $B$ ＿＿＿ $\alpha$.

# 9.1.2 平面的基本性质

## 知识要点

**公理 1** 如果一条直线上的两点在一个平面内，那么这条直线上的所有点都在这个平面内.

**公理 2** 经过不在同一条直线上的三点，有且只有一个平面.

**推论 1** 一条直线和这条直线外的一点可以确定一个平面.

**推论 2** 两条相交直线可以确定一个平面.

**推论 3** 两条平行直线可以确定一个平面.

**公理 3** 如果不重合的两个平面有一个公共点，那么它们有且只有一条过这个点的公共直线.

## 基础训练

### 一、选择题

1. 在空间中，可以确定一个平面的条件是(　　).

A. 两两相交的三条直线

B. 三条直线，其中一条与另外两条直线分别相交

C. 三个点

D. 三条直线两两相交，但不交于同一点

2. 平面 $\alpha$ 和平面 $\beta$ 相交有(　　).

A. 一个公共交点 　　　　　　　B. 两个公共交点

C. 一条公共直线 　　　　　　　D. 两条公共直线

3. 空间中的三条直线相交于一点，最多能确定(　　)个平面.

A. 1 　　　　　B. 2 　　　　　C. 3 　　　　　D. 4

4. 空间中的三条直线相交于三点，最多能确定(　　)个平面.

A. 1 　　　　　B. 2 　　　　　C. 3 　　　　　D. 4

### 二、填空题

5. 将命题"直线 $a \subsetneq$ 平面 $\alpha$，直线 $a \bigcap$ 直线 $b = P \Rightarrow P \in \alpha$"改写成文字语言_____.

6. _____的三点确定一个平面.

### 三、解答题

7. 照相机为什么要用三脚架来支撑？用两脚架来支撑行不行？

8. 怎样用一根直尺来检查课桌面是否平坦？

**拓展训练**

你还能举出几个"不共线的三点确定一个平面"的生活实例吗？

改错与反思

# §9.2 空间直线与平面的关系

## 9.2.1 空间直线与直线之间的关系及性质

### 知识要点

1. 在同一平面内的直线，叫作共面直线，不同在任何一个平面内的两条直线叫作异面直线.

2. 空间中两条直线的位置关系就只有三种.

(1)相交直线：在同一平面内，有且只有一个公共点.

(2)平行直线：在同一平面内，没有公共点.

(3)异面直线：不同在任何一个平面内，既不相交也不平行.

**公理 4** 平行于同一条直线的两条直线相互平行.

### 基础训练

一、选择题

1. 若直线 $a$，$b$ 是异面直线，且直线 $c /\!/ a$，则直线 $c$，$b$ ( ).

A. 是异面直线      B. 是相交直线

C. 是异面或相交直线    D. 可能平行

2. 如果两条异面直线称作"一对"，那么正方体的 12 条棱所在的直线中，共有异面直线( ).

A. 6 对       B. 12 对

C. 24 对       D. 36 对

3. 若直线 $a$ 与直线 $b$，$c$ 所成的角相等，则 $b$，$c$ 的位置关系是( ).

A. 相交        B. 平行

C. 异面        D. 以上都有可能

(第 2 题图)

4. 已知直线 $m$，$n$，$l$，若 $m /\!/ n$，$n \cap l = A$，则 $m$，$l$ 的位置关系一定是( ).

A. 相交        B. 平行

C. 异面        D. 以上结论都不对

二、填空题

5. 如果直线 $a /\!/$ 直线 $b$，且直线 $a /\!/$ 直线 $c$，那么_____.

6. 如果一个角的两边和另一个角的两边分别对应平行，那么这两个角_____.

7. 已知直线 $a$ 与直线 $b$ 为异面直线,在直线 $a$ 上任意取一点 $O$,则只要过点 $O$ 作直线 $b$ 的平行线 $b'$,$a$ 和 $b'$ 所成的锐角(或直角)就是＿＿＿＿＿.

**三、解答题**

8. 如图,已知四边形 $ABCD$ 是空间四边形,点 $E$,$F$ 分别为 $AB$,$BC$ 的中点,找出所有与 $EF$ 异面的直线.

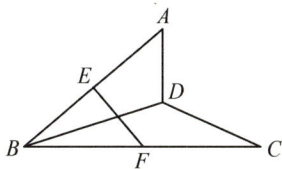

（第 8 题图）

**拓展训练**

在实际生活中找出几个成异面直线的例子,思考两条异面直线所成的角为什么不能是 $0°$.

改错与反思

# 9.2.2　空间直线与平面之间的位置关系

## 知识要点

空间中直线和平面有且只有三种不同的位置关系：

(1)直线在平面内——直线和平面有无数个公共点；

(2)直线与平面平行——直线和平面没有公共点；

(3)直线与平面相交——直线和平面只有一个公共点.

## 基础训练

### 一、选择题

1. 如果直线 $l$ 上有无数个点不在平面 $\alpha$ 内,那么(　　).

A. $l /\!/ \alpha$ 或 $l \cap \alpha$ 　　　　　　B. $l \cap \alpha$

C. $l /\!/ \alpha$ 　　　　　　　　　　D. $l \subsetneqq \alpha$ 或 $l \cap \alpha$

2. 如果直线 $l$ 在平面 $\alpha$ 外,那么(　　).

A. $l /\!/ \alpha$ 　　　　　　　　　　B. $l \cap \alpha$

C. $l /\!/ \alpha$ 或 $l \cap \alpha$ 　　　　　D. 以上都不正确

3. 如果直线 $l$ 与平面 $\alpha$ 不平行,那么(　　).

A. $l$ 一定与平面 $\alpha$ 相交

B. 直线在平面内或直线与平面相交

C. $l$ 一定在平面 $\alpha$ 内

D. 以上都不正确

4. 已知直线 $a /\!/$ 平面 $\alpha$, $P \in \alpha$,则过点 $P$ 且平行于 $a$ 的直线(　　).

A. 只有一条,不在平面 $\alpha$ 内

B. 有无数条,不一定在平面 $\alpha$ 内

C. 只有一条,且在平面 $\alpha$ 内

D. 有无数条,且一定在平面 $\alpha$ 内

### 二、填空题

5. 我们把直线与平面_____统称为直线在平面外.

6. 直线 $a$ 与平面 $\alpha$ 相交于点 $A$ 记作_____;直线 $a$ 与平面 $\alpha$ 平行记作_____.

### 三、解答题

7. 说出命题"点 $A \in$ 直线 $l$,点 $B \in l$,且 $A \in$ 平面 $\alpha$, $B \in \alpha \Rightarrow l \subsetneqq \alpha$"所表示的含义,并作出图形.

8. 请把下图中点、线、面的关系用数学符号表示出来.

（第 8 题图）

**拓展训练**

请你举出一些现实生活中直线与平面的各种位置关系的实例.

# 9.2.3 空间平面与平面之间的位置关系

## 知识要点

1. 没有公共点的两个平面叫作平行平面.

2. 空间中两个不重合的平面有且只有两种不同的位置关系:

(1)两个平面平行——两个平面无公共点;

(2)两个平面相交——两个平面有一条公共直线.

## 基础训练

### 一、选择题

1. 如图,在长方体 $ABCD\text{-}A_1B_1C_1D_1$ 中,互相平行的平面有(    )对.

A. 1          B. 2          C. 3          D. 4

2. 如图,在长方体 $ABCD\text{-}A_1B_1C_1D_1$ 中,与平面 $ABCD$ 相交的平面有(    )个.

A. 1          B. 2          C. 3          D. 4

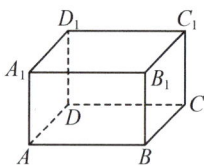          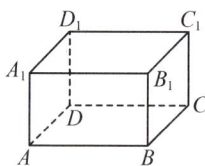          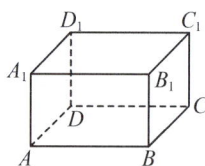

（第 1 题图）          （第 2 题图）          （第 3 题图）

3. 如图,在长方体 $ABCD\text{-}A_1B_1C_1D_1$ 中,与棱 $AB$ 所在的直线平行的平面有(    )个.

A. 1          B. 2          C. 3          D. 4

4. 如右图,在直角梯形 $ABCD$ 中,$AB /\!/ CD$,$AB$ 长于 $CD$,$S$ 是直角梯形 $ABCD$ 所在平面外的一点,$E$ 是 $AD$ 与 $BC$ 的交点,则平面 $SBC$ 和平面 $SAD$ 的交线是(    ).

A. $SA$          B. $SB$

C. $SE$          D. $AB$

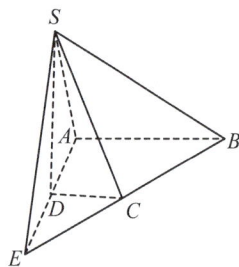

（第 4 题图）

### 二、填空题

5. 如果两个不重合的平面有一个公共点,那么它们还有无穷多个公共点,且所有的公共点都在_____.

6. 如果两个平面是相互平行的,那么其中一个平面内的任意一条直线都与另一个平面_____.

### 三、解答题

7. 试问：（1）一个平面把空间分成了几部分？（2）两个平面把空间分成了几部分？（3）三个平面把空间分成了几部分？

8. 请在下图中作出平面 $PAD$ 和平面 $PBC$ 的交线，并说出作图过程和作图理由，图中四边形 $ABCD$ 为平行四边形.

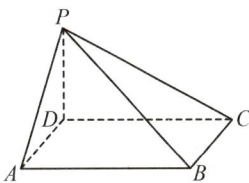

（第 8 题图）

### 拓展训练

分别在两个平行平面内的两条直线有哪几种位置关系？请画出相应的图形.

# §9.3　直线与平面平行的判定及性质

## 9.3.1　直线与平面平行的判定

### 知识要点

**直线与平面平行的判定定理**　若平面外的一条直线与平面内的一条直线平行，则平面外的这条直线与此平面平行.

### 基础训练

#### 一、选择题

1. 若直线 $a$ // 平面 $\alpha$，则直线 $a$ 与平面 $\alpha$ 内的（　　）.

　A. 一条直线不相交　　　　　　B. 任意一条直线都不相交

　C. 无数条直线不相交　　　　　D. 两条相交直线不相交

2. 若 $a$，$b$ 是异面直线，且 $a \subsetneq$ 平面 $\alpha$，则 $b$ 与 $\alpha$ 的位置关系是（　　）.

　A. 相交　　　　　　　　　　　B. 平行

　C. 既不相交又不平行　　　　　D. 以上答案都不对

3. 若直线 $a$ 不平行于平面 $\alpha$，则下列结论成立的是（　　）.

　A. $\alpha$ 内的所有直线都与直线 $a$ 异面

　B. $\alpha$ 内不存在与 $a$ 平行的直线

　C. 直线 $a$ 与平面 $\alpha$ 有公共点

　D. $\alpha$ 内的直线都与直线 $a$ 相交

4. 若直线 $a \subsetneq$ 平面 $\beta$，直线 $b$ // $a$，则 $b$ 与 $\beta$ 的位置关系是（　　）.

　A. 相交　　　　　　　　　　　B. 平行

　C. 既不相交又不平行　　　　　D. 平行或在平面内

#### 二、填空题

5. 直线 $a \subsetneq$ 平面 $\alpha$，直线 $b \cap a = A$，则 $b$ 与 $\alpha$ 的位置关系是_____.

6. 已知平面 $\alpha \cap$ 平面 $\beta =$ 直线 $l$，直线 $a$ 与平面 $\alpha$ 有一个公共点 $P$，则 $a$ 与 $\beta$ 的位置关系是_____.

#### 三、解答题

7. 如图，正方体 $ABCD\text{-}A_1B_1C_1D_1$ 中，$E$，$F$ 分别是正方形 $AB_1$ 和 $B_1C$ 的中点，求证：$EF$ // 平面 $BD$.

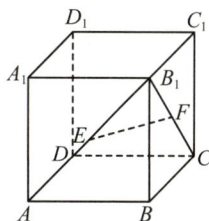

(第 7 题图)

8. 如图，点 $P$ 是平行四边形 $ABCD$ 外的一点，点 $Q$ 是线段 $PA$ 的中点．求证：$PC /\!/$ 平面 $BDQ$.

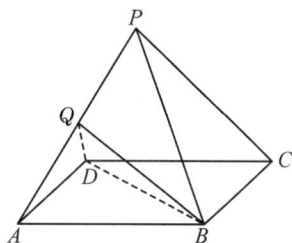

(第 8 题图)

### 拓展训练

如果一条直线 $a$ 与一个平面 $\alpha$ 平行，那么直线 $a$ 与平面 $\alpha$ 内的直线有怎样的位置关系？

# 9.3.2 直线与平面平行的性质

## 知识要点

**直线和平面平行的性质定理** 如果一条直线和一个平面平行，那么经过这条直线的平面和已知平面相交的交线与这条直线平行.

## 基础训练

### 一、选择题

1. 若平面 $\alpha \cap$ 平面 $\beta=$ 直线 $m$，直线 $n \subsetneqq \alpha$，则（　　）.

A. $m$ 与 $n$ 平行　　　　　B. $m$ 与 $n$ 相交

C. $m$ 与 $n$ 相交或平行　　D. $m$ 与 $n$ 既不相交也不平行

2. 若平面 $\alpha \// $ 平面 $\beta$，直线 $l \subsetneqq \alpha$，则（　　）.

A. $l$ 与 $\beta$ 平行　　　　　B. $l$ 与 $\beta$ 相交

C. $l$ 与 $\beta$ 既不相交也不平行　D. $l$ 与 $\beta$ 相交或平行

3. 平行于同一条直线的两个平面（　　）.

A. 平行　　　　　　　　　B. 相交

C. 相交或平行　　　　　　D. 既不相交也不平行

### 二、填空题

4. 如果一条直线与一个平面平行，那么这条直线和这个平面内的直线_____.

5. 平行于同一个平面的两条直线_____.

### 三、解答题

6. 证明：平面外有两条平行线，若其中一条平行于这个平面，则另一条也平行于这个平面.

7. 如图，过正方体 $ABCD\text{-}A_1B_1C_1D_1$ 的棱 $BB_1$ 作一平面交平面 $CDD_1C_1$ 于 $EF$，求证：$BB_1 /\!/ EF$.

**改错与反思**

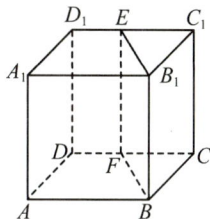

（第 7 题图）

**拓展训练**

如果三个平面两两相交，那么它们的交线有多少条？试画出图形.

# 9.3.3 平面与平面平行的判定及性质

## 知识要点

1. **平面与平面平行的判定定理** 如果一个平面内的两条相交直线都与另一个平面平行,那么这两个平面平行.

2. **平面与平面平行的性质定理** 如果两个平行平面同时和第三个平面相交,那么它们的交线平行.

## 基础训练

### 一、选择题

1. 如果一个平面内有一条直线和另一个平面平行,那么这两个平面( ).

    A. 平行               B. 不平行

    C. 不一定平行        D. 以上都不对

2. 如果一个平面内有两条平行直线都和另一个平面平行,那么这两个平面( ).

    A. 平行               B. 不一定平行

    C. 相交               D. 以上都不正确

3. 若直线 $a \subsetneq$ 平面 $\beta$,直线 $b \subsetneq \beta$,$a \cap b = P$,$a /\!/$ 平面 $\alpha$,$b /\!/ \alpha$,则有( ).

    A. $\alpha$ 与 $\beta$ 相交        B. $\alpha /\!/ \beta$

    C. 重合               D. 以上都可能

4. 经过平面外一点有( )个平面与这个平面平行.

    A. 1                  B. 2

    C. 3                  D. 有无数多个

### 二、填空题

5. 如果平面 $\alpha$,$\beta$,$\gamma$ 为不重合的平面,$a$,$b$ 为不重合的直线,有 $\alpha /\!/ \beta$,$\gamma \cap \alpha = a$,$\gamma \cap \beta = b$,则 $a$ _____ $b$.

6. 如果两个平面没有公共点,那么两个平面_____.

### 三、解答题

7. 如图，已知在正方体 $ABCD$-$A'B'C'D'$ 中，点 $M$，$N$，$E$ 分别是 $A'D'$，$A'B'$，$B'C'$ 的中点，求证：平面 $AMN$ // 平面 $BDE$.

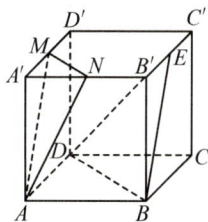

（第 7 题图）

8. 如图，$SA'$，$SB'$，$SC'$ 分别交平面 $\alpha$ 于点 $A'$，$B'$，$C'$，点 $A$，$B$，$C$ 分别是 $SA'$，$SB'$，$SC'$ 上的点．证明：若 $\dfrac{SA}{SA'}=\dfrac{SB}{SB'}=\dfrac{SC}{SC'}$，则平面 $ABC$ // 平面 $\alpha$.

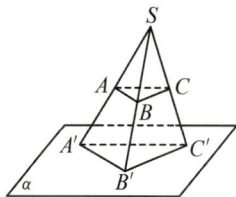

（第 8 题图）

### 拓展训练

观察教室里天花板与右墙面的交线 $l_1$ 和地面与右墙面的交线 $l_2$，思考 $l_1$ 与 $l_2$ 之间的位置关系.

改错与反思

# §9.4 直线与平面垂直的判定及性质

## 9.4.1 直线与平面垂直的判定

### 知识要点

1. 空间中直线与平面垂直的定义：如果直线 $l$ 和平面 $\alpha$ 内的任意一条直线都垂直，那么称直线 $l$ 和平面 $\alpha$ 互相垂直，记作 $l \perp \alpha$．直线叫作平面的垂线，平面叫作直线的垂面，交点叫作垂足．

2. **直线与平面垂直的判定定理** 如果一条直线垂直于一个平面内的两条相交直线，那么这条直线与这个平面垂直．

### 基础训练

**一、选择题**

1. 一条直线最少需要垂直于一个平面内的（　　　）相交直线，才能保证这条直线与这个平面垂直．

A. 2 条      B. 3 条      C. 4 条      D. 5 条

2. 若直线 $a \perp$ 直线 $b$，则经过 $a$ 与 $b$ 垂直的平面个数为（　　　）．

A. 2      B. 1      C. 无数      D. 0

3. 如果平面 $\alpha$ 外的直线 $l$ 与 $\alpha$ 内的两条平行直线垂直，那么（　　　）．

A. $l // \alpha$              B. $l \perp \alpha$

C. $l$ 与 $\alpha$ 相交          D. 以上都有可能

4. 在下列命题中，能推出直线与平面垂直的是（　　　）．

A. 直线与平面内的一组平行线垂直

B. 直线垂直于平面内的两条相交直线

C. 直线垂直于平面内的两条平行直线

D. 直线垂直于平面内的无穷多条直线

**二、填空题**

5. 过平面外一点能作＿＿＿＿＿＿条与这个平面垂直的直线．

6. 如果一条直线垂直于平面内的＿＿＿＿＿＿＿＿＿＿＿＿＿＿＿＿，那么这条直线＿＿＿＿＿＿＿＿于这个平面．

**三、解答题**

7. 小王同学看到了路边的一根立杆，他就想判断立杆是否与地面垂直. 为此，他在地面上以杆与地面的交点为圆心，画了一个圆及两条直径. 两条直径与圆有 4 个交点，他又在杆上挂了一根足够长的无伸缩性的细绳，把绳的一端拉直分别贴到圆上直径的 4 个端点上. 当绳子在 4 个点处的长度相等时，他得出结论：杆与地面是垂直的. 你认为他的做法对吗？请说明理由.

8. 如图，有一块木料，其中 $CC_1 \perp$ 平面 $A_1B_1C_1D_1$，若要在平面 $A_1B_1C_1D_1$ 内作一条过点 $G$ 的直线，使之与点 $C$ 和 $G$ 的连线垂直，则这条直线应该怎么画？

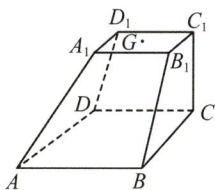

（第 8 题图）

拓展训练

如果两条直线和一个平面所成的角相等，那么这两条直线一定平行吗？若平行，说明理由；若不平行，请画出相应的图形.

改错与反思

# 9.4.2　直线与平面垂直的性质

## 知识要点

1. **直线与平面垂直的性质定理**　垂直于同一个平面的两条直线平行.

2. 平面的一条斜线和它在平面内的射影所成的锐角，叫作直线与平面所成的角.

规定：当直线与平面垂直时，所成的角是直角；当直线与平面平行或直线在平面内时，所成的角是 0°.

## 基础训练

### 一、选择题

1. 下列说法正确的是(　　).

A. 若直线和平面相交，则直线和平面所成的夹角小于等于 90°

B. 若两条直线与同一平面所成的角相等，则这两条直线平行

C. 若两个平面与同一直线所成的角相等，则这两个平面平行

D. 如果一条直线与平面的一条斜线的射影垂直，那么这条斜线也和这条直线垂直

2. 已知斜线段的长是它在平面 $\alpha$ 上的射影长的 2 倍，则斜线和平面所成的角为(　　).

A. 30°　　　　　B. 45°　　　　　C. 60°　　　　　D. 90°

3. 直线 $a$ 和 $b$ 与平面 $\alpha$ 所成的角相等，则 $a$，$b$ 的位置关系是(　　).

A. 相交　　　　　　　　　　B. 平行

C. 异面　　　　　　　　　　D. 以上都有可能

4. 若直线 $a \perp b$，直线 $a \perp$ 平面 $\beta$，则 $b$ 与 $\beta$ 的关系是(　　).

A. 垂直　　　　　　　　　　B. 平行

C. 平行或在平面内　　　　　D. 以上都不对

### 二、填空题

5. 如果两条直线同时垂直于一个平面，那么这两条直线_____.

6. _____叫作直线与平面所成的角.

### 三、解答题

7. 过一点能作几条与平面成 90° 角的直线？能作几条与平面成 45° 角的直线？

改错与反思

8. 如图所示，正方体 $ABCD\text{-}A_1B_1C_1D_1$ 中，体对角线 $A_1C$ 与面对角线 $BD$ 相互垂直，你能说明理由吗？你还能找出这种关系吗？

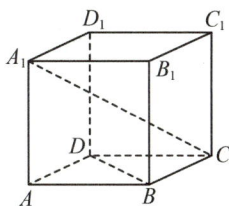

（第 8 题图）

🔍 **拓展训练**

观察汽车的一对前（或后）轮和轴，想一想：同一轴上的轮胎所在的圆面与轴有怎样的位置关系，同一轴上的两个轮胎所在的圆面相互平行吗？请说明理由.

# 9.4.3　平面与平面垂直的判定

## 知识要点

1. 平面内的一条直线把这个平面分成两部分，其中的每一部分都叫作半平面．从一条直线出发的两个半平面所组成的图形叫作二面角，这条直线叫作二面角的棱，这两个半平面叫作二面角的面．

2. **平面与平面垂直的判定定理**　如果一个平面经过另一个平面的垂线，那么这两个平面垂直．

## 基础训练

### 一、选择题

1. 以下命题中正确的是(　　)．

A. 若两个平面所成的二面角不是直二面角，则其中一个平面内的任意一条直线与另一个平面都不垂直

B. 过平面 $\alpha$ 的一条斜线的平面与 $\alpha$ 一定不垂直

C. $a$，$b$ 是异面直线，过直线 $a$ 必能作一个平面与直线 $b$ 垂直

D. 同垂直于一个平面的两个平面平行

2. 若平面 $\alpha \perp$ 平面 $\beta$，直线 $b /\!/ \alpha$，则(　　)．

A. $b /\!/ \beta$　　　　　　　　　　B. $b \subsetneqq \beta$

C. $b$ 与 $\beta$ 相交　　　　　　　D. 以上都有可能

3. 下列命题中真命题的个数为(　　)．

①经过平面外一点有且只有一个平面与已知平面垂直；

②经过平面的垂线有且只有一个平面与已知平面垂直；

③经过平面外一斜线有且只有一个平面与已知平面垂直．

A. 0　　　　　　B. 1　　　　　　C. 2　　　　　　D. 3

4. 已知平面 $\alpha \perp$ 平面 $\beta$，直线 $n \subsetneqq \alpha$，$\alpha \cap \beta =$ 直线 $m$，$n \perp m$，则 $n$ 与 $\beta$ 的关系是(　　)．

A. $n \perp \beta$　　　　　　　　　　B. 相交但不垂直

C. $n /\!/ \beta$　　　　　　　　　　D. 位置不确定

### 二、填空题

5. 平面与平面所成的二面角的大小是用二面角的平面角的大小来度量的，其范围是_____．

6. 一般地，如果两个相交平面所成的二面角是直二面角，就说这两个平面相互_____．

### 三、解答题

7. 工人师傅检查工件的相邻两个面是否垂直时，常用曲尺. 他们把曲尺的一边紧贴在工件的一个面上，并让另一边在工件的另一个面上转动，观察尺边是否和这个面密合，若密合就认为合格. 你知道这么做的理论依据是什么吗？如果转不动怎么办呢？

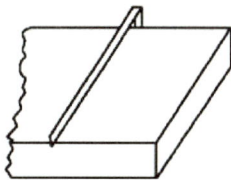

(第 7 题图)

8. 如果一个平面垂直于二面角的棱，那么这个平面与二面角的两个面的交线所成的角就是二面角的平面角，你能说明其理由吗？

### 拓展训练

拿一张正三角形的纸片 $ABC$，以它的高 $AD$ 为折痕，折成一个二面角，写出这个二面角的面、棱和平面角.

# 9.4.4　平面与平面垂直的性质

## 知识要点

**平面与平面垂直的性质定理**　如果两个平面垂直，那么一个平面内垂直于交线的直线与另一个平面垂直.

## 基础训练

### 一、选择题

1. 已知直线 $a \perp$ 平面 $\alpha$，直线 $b \subseteqq$ 平面 $\beta$，则下列命题中正确的是（　　）.

① $\alpha // \beta \Rightarrow a \perp b$；② $a // b \Rightarrow \alpha \perp \beta$；③ $\alpha \perp \beta \Rightarrow a // b$；④ $a \perp b \Rightarrow \alpha // \beta$

A. ①③④　　　　B. ②③　　　　C. ③④　　　　D. ①②

2. 如果两个平面都与第三个平面垂直，那么这两个平面的位置关系是（　　）.

A. 相交　　　　　　　　　　B. 平行

C. 异面　　　　　　　　　　D. 平行或相交

3. 若平面 $\alpha //$ 平面 $\beta$，$\alpha \perp$ 平面 $\gamma$，则 $\beta$ 与 $\gamma$ 的位置关系是（　　）.

A. 垂直　　　　B. 平行　　　　C. 重合　　　　D. 都有可能

4. 在空间中，下列说法正确的有（　　）.

①平行于同一条直线的两条直线互相平行；

②垂直于同一条直线的两条直线互相平行；

③平行于同一个平面的两条直线互相平行；

④两条异面直线不可能垂直于同一平面.

A. 1 个　　　　B. 2 个　　　　C. 3 个　　　　D. 4 个

### 二、填空题

5. 如果两个平面垂直，那么一个平面内_____与另一个平面垂直.

6. "平面与平面垂直的性质定理"用数学符号可描述为_____.

### 三、解答题

7. 把边长为 1 的正方形 $ABCD$ 沿对角线 $AC$ 折成直二面角，求点 $B$ 到点 $D$ 的距离.

8. 如图，在空间四边形 $ABCD$ 中，$AC=AD$，$BC=BD$，且点 $E$ 是 $CD$ 边的中点．求证：

(1) $CD\perp$ 平面 $ABE$；

(2) $CD\perp AB$；

(3) 平面 $ABE\perp$ 平面 $ACD$.

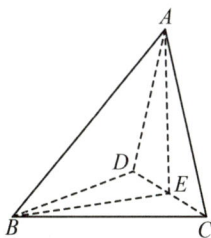

（第 8 题图）

**拓展训练**

已知直线 $a\subsetneqq$ 平面 $\alpha$，直线 $b\subsetneqq$ 平面 $\beta$，且直线 $a\perp b$，请讨论两个平面可能存在的位置关系.

# §9.5　空间几何体

## 9.5.1　几何体的概念及结构特征

### 知识要点

1. 棱柱的定义：

一个多面体，如果有两个面互相平行，其余各面都是四边形，并且相邻两个四边形的公共边都互相平行，那么这样的多面体叫作棱柱.

2. 棱锥的定义：

一个多面体，如果有一个面是多边形，其余各面都是三角形且有一个公共顶点，那么这样的多面体叫作棱锥.

3. 球的结构特征：

以半圆的直径所在的直线为旋转轴，半圆面旋转一周所形成的旋转体叫球体，简称球. 半圆旋转而成的曲面叫作球面.

### 基础训练

**一、选择题**

1. 如果棱柱的侧面都是矩形，则该棱柱一定是(　　).

A. 长方体　　　　　　　　　B. 正方体

C. 正棱柱　　　　　　　　　D. 直棱柱

2. 四棱柱的对角线的条数是(　　).

A. 4　　　　　　B. 6　　　　　　C. 8　　　　　　D. 12

3. 正方体的对角线与底面的夹角的正弦值为(　　).

A. $\dfrac{1}{2}$　　　　B. $\dfrac{\sqrt{3}}{2}$　　　　C. $\dfrac{\sqrt{3}}{3}$　　　　D. $\dfrac{\sqrt{2}}{2}$

4. 已知一长方体的一个顶点上的三条棱长分别为 4，$4\sqrt{2}$，6，则它的对角线长为(　　).

A. $2\sqrt{21}$　　　　B. $\sqrt{21}$　　　　C. $4\sqrt{3}$　　　　D. $8\sqrt{3}$

**二、填空题**

5. 侧棱垂直于底面的棱柱叫作_____，侧棱和底面不垂直的棱柱叫作_____.

6. 一般地，有一个面是_____，其余各面都是_____且有_____的多面体叫作棱锥.

### 三、解答题

7. 观察以下机械零件，说出其主要的几何特征.

（第 7 题图）

8. 用长、宽分别为 $6\pi$ 和 $2\pi$ 的矩形围成一个圆柱的侧面，求圆柱的底面半径.

## 拓展训练

棱柱、棱锥都是多面体，它们在结构上有哪些相同点和不同点？

# 9.5.2 柱、锥和球的表面积

## 知识要点

1. 直棱柱的侧面积：

直棱柱的底面周长为 $c$，侧棱的长为 $l$，则

$$S_{直棱柱侧} = cl.$$

2. 圆柱、圆锥的侧面积：

圆柱的侧面展开图是矩形，如果圆柱的底面半径为 $r$，母线长为 $l$，则

$$S_{圆柱侧} = 2\pi rl.$$

圆锥的侧面展开图是扇形，如果圆锥的底面半径为 $r$，母线长为 $l$，则

$$S_{圆锥侧} = \pi rl.$$

3. 球的表面积：

若球的半径为 $R$，则

$$S_{球} = 4\pi R^2.$$

## 基础训练

### 一、选择题

1. 若正方体的表面积为 24，则正方体的棱长为（　　）.

A. 1　　　　B. 2　　　　C. 3　　　　D. 4

2. 若正四棱锥的底面边长为 2，侧面积为 $8\sqrt{2}$，则斜高为（　　）.

A. 2　　　B. $\sqrt{2}$　　　C. $2\sqrt{2}$　　　D. $3\sqrt{2}$

3. 已知球的表面积为 $64\pi$，则球的半径为（　　）.

A. 1　　　　B. 2　　　　C. 3　　　　D. 4

4. 若正三棱柱的底面边长为 2 cm，高为 5 cm，则侧面积为（　　）.

A. 10 cm　　B. 20 cm　　C. 30 cm　　D. 40 cm

### 二、填空题

5. 已知圆柱的底面半径为 1 cm，高为 5 cm，则其侧面积为　　　　.

6. 已知圆锥的母线长为 6 cm，底面直径为 2 cm，则其表面积为　　　　　.

### 三、解答题

7. 如图，棱长为 1 的正方体切去一角，则剩下的几何体的表面积为多少？

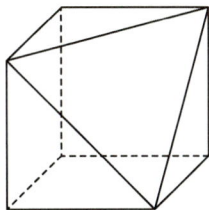

（第 7 题图）

8. 已知正六棱锥的底面边长为 4 cm，高为 $2\sqrt{6}$ cm，求它的表面积.

## 拓展训练

已知圆柱的底面积为 $16\pi$，轴截面面积为 32，求它的表面积.

**改错与反思**

# 9.5.3　柱、锥和球的体积

## 知识要点

1. 棱柱和圆柱的体积：

如果柱体的底面积为 $S$，高为 $h$，那么它的体积为

$$V_{柱体} = Sh.$$

2. 锥体的体积：

如果一个锥体(棱锥、圆锥)的底面积是 $S$，高为 $h$，那么它的体积为

$$V_{锥体} = \frac{1}{3}Sh.$$

3. 球的体积：

如果球的半径为 $R$，那么它的体积为

$$V_{球} = \frac{4}{3}\pi R^3.$$

## 基础训练

### 一、选择题

1. 若正方体的体积是 8，则正方体的棱长为(　　).

A. 1　　　　　　B. 2　　　　　　C. 3　　　　　　D. 4

2. 一人一天当中饮用了 2 000 mL 的水，如果他使用的是一个从里面量底直径为 6 cm，高为 15 cm 的圆柱形水杯喝水，那么他一天大约喝了(　　)水.

A. 2 杯　　　　B. 3 杯　　　　C. 4 杯　　　　D. 5 杯

3. 一个正方体的棱长缩小为原来的一半，它的体积缩小为原来的(　　).

A. $\frac{1}{2}$　　　　B. $\frac{1}{4}$　　　　C. $\frac{1}{8}$　　　　D. $\frac{1}{16}$

4. 若圆柱的底面半径为 2，轴截面对角线长为 5，则圆柱的体积为(　　).

A. $12\pi$　　　　　　　　　　　B. $4\sqrt{21}\pi$

C. $4\sqrt{21\pi}$　　　　　　　　　D. 12

### 二、填空题

5. 如果柱体的底面积为 $S$，高为 $h$，则柱体的体积为_____.

6. 如果锥体的底面积为 $S$，高为 $h$，则锥体的体积为_____.

**三、解答题**

7. 如图，正方体切去边长为 1 cm(AB＝1 cm)的一角，则剩下的几何体的体积为多少?

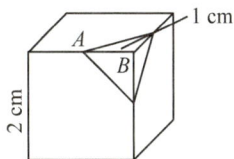

(第 7 题图)

8. 蒙古包的下面呈圆柱形，上面呈圆锥形，有一个蒙古包的总高(圆锥顶点到地面的距离)为 2.5 m，圆柱形的高为 1.6 m，直径为 4 m，求这个蒙古包的体积.

(第 8 题图)

**拓展训练**

下图是木工师傅锯剩下的一个木块，原木块是棱长为 10 cm 的正方体，锯掉的部分是棱长为 5 cm 的正方体，求剩下的这个木块的体积.

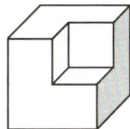

改错与反思

# 第 9 章综合练习

（时间：40 分钟）

## 一、选择题

1. 直线在平面外是指（　　）.

A. 直线和平面相交或平行　　　　B. 直线和平面平行

C. 直线和平面相交　　　　　　　D. 直线和平面无公共点

2. 若三棱锥的各个面都是边长为 $a$ 的正三角形，则它的表面积为（　　）.

A. $\sqrt{3}a$　　　　B. $\sqrt{3}a^2$　　　　C. $2\sqrt{3}a$　　　　D. $2\sqrt{3}a^2$

3. 五棱锥的侧面有（　　）三角形.

A. 6 个　　　　B. 5 个　　　　C. 3 个　　　　D. 4 个

4. 用平行于直棱柱侧棱的一个平面去截棱柱，所得的截面图形是（　　）.

A. 梯形　　　B. 平行四边形　　　C. 矩形　　　D. 三角形

## 二、填空题

5. 请你写出下列图形的名称.

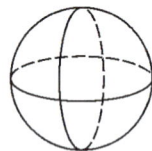

_____　　　_____　　　_____

6. 已知正三棱柱底面三角形的边长为 1 cm，高为 4 cm，则其侧面积为_____.

7. 已知圆锥的母线长为 3 cm，底面半径为 1 cm，则其表面积为_____.

## 三、简答题

8.（操作题）如图，某广告公司为某产品设计了一个正方体包装盒（有盖），请你检验该设计是否合格. 若不合格，应该如何改正？

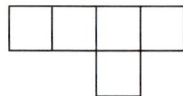

（第 8 题图）

9. 已知在梯形 $ABCD$ 中，$\angle ADC$ 和 $\angle BAD$ 为直角，且 $AB = AD$，$CD = 2AB$，$DP \perp$ 平面 $ABCD$. 求证：$(1)PA \perp AB$；$(2)PB \perp BC$.

10. 有两根相距 3 m 且直立在水平地面上的竹竿，它们的长度分别为 3 m 和 7 m，求它们上端的距离.

改错与反思

# 第 9 章检测题

（时间：40 分钟　满分 100 分）

**一、选择题**（每题 8 分，共 32 分）

1. 过平面外一点可以作（　　）直线和这个平面平行.

A. 1 条　　　　　B. 2 条　　　　　C. 3 条　　　　　D. 无数条

2. 若平面外有两个点到平面的距离相等，则连接这两个点的直线和这个平面的位置关系是（　　）.

A. 平行　　　　　　　　　　B. 垂直

C. 相交或平行　　　　　　　D. 相交但不垂直

3. 若一圆柱与圆锥高相等，过高的中点且平行于底面的截面面积也相等，则圆柱与圆锥的体积之比为（　　）.

A. 1∶3　　　B. 3∶1　　　C. 3∶4　　　D. 4∶3

4. 若地球的半径为 $R$，则北纬 $60°$ 纬线圈长为（　　）.

A. $R$　　　B. $\pi R$　　　C. $\dfrac{\pi R}{2}$　　　D. $\dfrac{\pi R}{3}$

**二、填空题**（每题 8 分，共 24 分）

5. 已知圆柱的底面半径为 3 cm，母线长为 6 cm，则圆柱的表面积为_____.

6. 已知球的半径为 5 cm，则球的表面积为_____.

7. 若长方体的三个面的面积分别为 $\sqrt{2}$，$\sqrt{3}$，$\sqrt{6}$，则体对角线长为_____.

**三、解答题**（第 8 题、9 题各 10 分，第 10 题、11 题各 12 分，共 44 分）

8. 在 $30°$ 的二面角的一个面内有一点 $P$，它到另一个面的距离是 5，求点 $P$ 到棱的距离.

9. 已知圆锥的体积为 $18\sqrt{2}\pi\ \text{cm}^3$，高为 $6\sqrt{2}\ \text{cm}$，求它的侧面积及展开图的圆心角.

改错与反思

10. 已知圆锥母线长为 $5\ \text{cm}$，侧面积为 $10\sqrt{3}\pi\ \text{cm}$，求圆锥的体积.

11. 在一块平地上计划修建一条水渠，渠道长为 $1.5\ \text{km}$，渠道断面是梯形，梯形两底分别为 $1.4\ \text{m}$ 和 $0.6\ \text{m}$，高为 $0.6\ \text{m}$. 如果每人一天挖土 $1.5\ \text{m}^3$，计划 30 天完成，那么完成这条渠道需要多少人？

# 第 10 章 · 概率与统计初步

改错与反思

## §10.1 计数原理

### 知识要点

1. 分类计数原理：完成一件事，有 $n$ 类方式，在第 1 类方式中有 $m_1$ 种不同的方法，在第 2 类方式中有 $m_2$ 种不同的方法……在第 $n$ 类方式中有 $m_n$ 种不同的方法，任选其中一种方法都可以完成这件事．那么完成这件事共有 $N=m_1+m_2+\cdots+m_n$ 种不同的方法．

2. 分步计数原理：完成一件事，需要 $n$ 个步骤．第 1 步有 $m_1$ 种不同的方法，第 2 步有 $m_2$ 种不同的方法……第 $n$ 步有 $m_n$ 种不同的方法，依次完成这 $n$ 个步骤，这件事才算完成．那么完成这件事共有 $N=m_1 \cdot m_2 \cdot \cdots \cdot m_n$ 种不同的方法．

### 基础训练

**一、选择题**

1. 从 5 位男同学和 6 位女同学中选班干部，从中任选一位，共有（    ）种不同的选法．

A. 5　　　　　　B. 6　　　　　　C. 11　　　　　　D. 30

2. 一箱产品中有一等品 4 件，二等品 7 件，三等品 9 件，现从中任取一件，共有（    ）种不同的取法．

A. 15　　　　　　B. 20　　　　　　C. 28　　　　　　D. 30

3. 现有 2 幅水彩画，4 幅油画，5 幅国画，欲从水彩画、油画、国画中各选出一幅放在某画廊参展，共有（    ）种不同的选法．

A. 11          B. 20          C. 40          D. 50

4. 数字 0，1，2，3 可组成(    )个没有重复数字的三位数.

A. 6          B. 18          C. 24          D. 27

二、填空题

5. 在读书活动中，一个学生要从 3 本科技书、2 本政治书、3 本文艺书里任选一本，共有_____种不同的选法.

6. 某队有甲、乙、丙三个小组，甲组有 7 个队员，乙组有 6 个队员，丙组有 8 个队员．从该队中任选一名队员作为代表，有_____种选法.

7. 将 5 封不同的信投入 3 个邮箱，共有_____种不同的投法.

8. 学校开设选修课，有专业类 4 门、艺术类 2 门、文学类 3 门、体育类 2 门．小张同学计划选修 2 门课，共有_____种不同的选法.

三、解答题

9. 小刚到超市购买一瓶饮品，货架上摆放的茶饮料有 3 种，碳酸饮料有 4 种，矿泉水有 5 种，他有多少种选法？

10. 从甲地到乙地有 2 条陆路可走，从乙地到丙地有 3 条陆路可走，而从甲地不经过乙地到丙地有 2 条水路可走.

(1)从甲地经乙地到丙地有多少种不同的走法？

(2)从甲地到丙地共有多少种不同的走法？

拓展训练

通过对计数原理的学习，你能谈谈分类计数原理与分步计数原理的区别吗？

改错与反思

# §10.2　随机事件和概率

## 10.2.1—10.2.2　随机事件和频率与概率

### 知识要点

1. 随机事件、必然事件与不可能事件：在一定条件下，具有多种可能结果，而究竟发生哪一种结果事先不能确定的现象叫作随机现象，随机现象的结果称为随机事件，常用大写字母 $A$，$B$，$C$ 等表示. 在一定条件下，必然会发生的事件叫作必然事件，用 $\Omega$ 表示. 在一定条件下，一定不会发生的事件叫作不可能事件，用 $\varnothing$ 表示.

2. 频数与频率：在相同的条件下进行 $n$ 次试验，如果事件 $A$ 发生了 $m$ 次，则称 $m$ 为事件 $A$ 发生的频数，称比值 $\dfrac{m}{n}$ 为事件 $A$ 发生的频率，记作 $f_n(A)$.

3. 概率：在相同条件下，当大量重复地进行同一试验时，随机事件 $A$ 发生的频率总是在某个常数附近摆动，这个常数就叫作事件 $A$ 发生的概率，记作 $P(A)$.

4. 概率的基本性质：

(1) 对于任一事件 $A$，有 $0 \leqslant P(A) \leqslant 1$.

(2) 必然事件的概率为 1，即 $P(\Omega) = 1$.

(3) 不可能事件的概率为 0，即 $P(\varnothing) = 0$.

### 基础训练

一、选择题

1. 下列事件中随机事件的个数为（ C ）.

① 如果 $a > b$，那么 $a - b > 0$；

② 某人射击一次，中靶；

③ 某电话机在 1 分钟内收到 2 次呼叫；

④ 从分别标有号数 1，2，3，4，5 的 5 张标签中任取一张，得到 4 号签.

A. 1　　　　　　 B. 2　　　　　　 C. 3　　　　　　 D. 4

2. 连续抛掷两枚硬币，观察出现正反面的情况，下列事件中包含 3 个基本事件的是（ D ）.

A. 两枚硬币都正面向上　　　　B. 两枚硬币都反面向上

C. 只有一枚硬币反面向上　　　　D. 至少有一枚硬币反面向上

3. 下列三个命题中，正确命题的个数为（A）．

①某事件发生的频率为 1.1；

②频率是概率的近似值，概率是频率的稳定值；

③某事件发生的概率随着试验次数的变化而变化．

A. 1          B. 2          C. 3          D. 0

4. 在一次数学考试中，小明同学得 90 分以上分数的概率是 1，那么（C）．

A. 在一次数学考试中，小明有 90% 以上的数学题会做

B. 在三次数学考试中，必定有一次得 90 分以上的分数

C. 在一次数学考试中，小明得 90 分以上分数的可能性是 1

D. 以上说法都不对

**二、填空题**

5. 10 件产品中，有 9 件正品，1 件次品，从中任取 2 件，观察结果．以下三个事件：$A=$"取得的 2 件全是正品"；$B=$"取得的 2 件中至少有一件正品"；$C=$"取得的 2 件全是次品"．

其中 ___B___ 是必然事件；___C___ 是不可能事件；___A___ 是随机事件．

6. 在投掷一颗骰子的试验中，$A=$"出现奇数点"是 __复合__（基本、复合）事件．$B=$"出现 1 点"，$C=$"出现 3 点"，$D=$"出现 5 点"都是 __基本__（基本、复合）事件．$A$ 是由 __B__ 、 __C__ 和 __D__ 组成的．

**三、解答题**

7. 从 A，B，C，D，E 这 5 种模型中选出 3 种参加比赛．

(1) 列出试验的所有基本事件；

(2) "A 没被选中"这一复合事件包含哪几个基本事件？

解：(1) 基本事件：(A, B, C)；(A, B, D)；(A, B, E)；
(A, C, D)；(A, C, E)；(A, D, E)；
(B, C, D)；(B, C, E)；(B, D, E)；
(C, D, E)．

(2) ……4个基本事件：(B, C, D)；(B, C, E)；
(B, D, E)．(C, D, E)．

改错与反思

8. 历史上曾有人做过大量重复的抛掷硬币的试验，结果如下表所示.

| 试验者 | 摩根 | 蒲丰 | 费歇尔 | 皮尔逊 | 皮尔逊 |
|---|---|---|---|---|---|
| 抛掷次数 | 2 048 | 4 040 | 10 000 | 12 000 | 24 000 |
| 出现正面的次数 | 1 061 | 2 048 | 4 979 | 6 019 | 12 012 |
| 出现正面的频率 | 0.5181 | 0.5069 | 0.4979 | 0.5016 | 0.505 |

(1)计算表中出现正面的各个频率并填入表中(精确到 0.000 1).

(2)抛掷硬币出现正面的概率可能是多少？

1÷2＝0.5.

拓展训练

学习了本节内容，请你谈谈频率与概率的区别与联系.

# 10.2.3　互斥事件

改错与反思

## 知识要点

1. 互斥事件：在一次试验中不可能同时发生的两个事件叫作互斥事件.

2. 互斥事件的概率加法公式：

(1)如果 $A$，$B$ 是互斥事件，那么 $P(A+B)=P(A)+B(B)$.

(2)如果事件 $A_1$，$A_2$，$\cdots$，$A_n$ 两两互斥，那么
$$P(A_1+A_2+\cdots+A_n)=P(A_1)+P(A_2)+\cdots+P(A_n).$$

## 基础训练

### 一、选择题

1. 下列命题中，正确命题的个数为（ A ）.

①甲射手击中目标的概率是 0.5，乙射手击中目标的概率是 0.7，若甲、乙同时射击目标，则目标被击中的概率 $P=0.5+0.7=1.2$；

②一次试验中任何两个基本事件不可能同时发生；

③任意事件 $A$ 发生的概率 $P(A)$ 总满足 $0<P(A)<1$.

A. 1　　　　　B. 2　　　　　C. 3　　　　　D. 0

2. 下列各组事件中，不是互斥事件的有（ B ）.

A. 某人射击一次，命中环数大于 9 与命中环数小于 7

B. 某人射击一次，中靶与命中 8 环

C. 播种 100 粒菜籽，发芽 90 粒与发芽 80 粒

D. 投掷一枚骰子，出现的点数小于 4 与出现的点数大于 5

3. 从含有正品和次品的产品中任取 3 件，$A=$"至少取到 1 件正品"，则 $\overline{A}$ 表示（ C ）.

A. 至少取到 1 件次品　　　　B. 至少取到 2 件次品

C. 全是次品　　　　　　　　D. 全是正品

4. 从装有 5 个红球和 5 个黑球的口袋内任取 2 个球，那么互斥的两个事件是（ C ）.

A. "至少有 1 个黑球"与"都是黑球"

B. "至少有 1 个黑球"与"至少有 1 个红球"

C. "恰有 1 个黑球"与"恰有 2 个黑球"

D. "至少有 1 个红球"与"都是红球"

**改错与反思**

**二、填空题**

5. 某产品分甲、乙、丙三级，若生产中出现乙级品的概率为 0.03，丙级品的概率为 0.01，则抽查一件产品抽到甲级品的概率为 __0.96__.

6. 已知 $A$，$B$ 互斥，$P(A)=\dfrac{3}{4}$，$P(B)=\dfrac{1}{8}$，则 $P(A+B)=$ __$\dfrac{7}{8}$__.

7. 李老师去外地参加某学术研讨会，他乘火车、轮船、汽车、飞机去的概率分别为 0.3，0.2，0.1，0.4，那么他乘火车或汽车去的概率为 __0.4__.

**三、解答题**

8. 某地区的年降水量在下列范围内的概率如下表所示.

| 年降水量/mm | [100，150) | [150，200) | [200，250) | [250，300) |
| --- | --- | --- | --- | --- |
| 概率 | 0.12 | 0.25 | 0.16 | 0.14 |

(1)求年降水量在[100，200)内的概率；

(2)求年降水量在[150，300)内的概率.

(1) 0.37　　0.12+0.25=0.37

(2) 0.55　　0.25+0.16+0.14=0.55.

9. 医院某天要派出医生下乡，派出的医生人数及其概率如下.

| 医生人数 | 0 | 1 | 2 | 3 | 4 | 5 人及以上 |
| --- | --- | --- | --- | --- | --- | --- |
| 概率 | 0.1 | 0.16 | 0.2 | 0.3 | 0.2 | 0.04 |

(1)求派出的医生最多为 2 人的概率；

(2)求派出的医生至少为 2 人的概率.

(1) 0.46.　　0.1+0.16+0.2=0.46.

(2) 0.74　　0.2+0.3+0.2+0.04=0.74.

**拓展训练**

结合本节内容，请说说互斥事件与对立事件的联系与区别.

联系：在互斥事件的基础上才会有对立事件。

区别：在一次实验中不可能发生的两件事叫互斥事件，对立事件是在一次试验中必有一个发生的互斥事件。

## 10.2.4　古典概型

### 知识要点

1. 古典概型：

具有以下两个特征的概率模型称为古典概率模型，简称古典概型.

(1)有限性——在一次试验中基本事件的总数是有限的；

(2)等可能性——每个基本事件发生的可能性相等.

2. 古典概型的概率：

在古典概型中，如果基本事件的总数为 $n$，而事件 $A$ 包含 $m$ 个基本事件，则事件 $A$ 的概率为

$$P(A) = \frac{m}{n} = \frac{\text{事件 } A \text{ 包含的基本事件数}}{\text{基本事件总数}} \quad (m \leqslant n).$$

### 基础训练

#### 一、选择题

1. 若一个家庭计划生两个小孩，则所有等可能性的基本事件是( B ).

A. （男，男），（女，女）

B. （男，女），（男，男），（女，男），（女，女）

C. （男，男），（女，男），（女，女）

D. （男，女），（女，男），（女，女）

2. 有 3 个形状相同、大小相同的乒乓球，分别涂上了白色、红色、黄色，现从中任取一个乒乓球，颜色是黄色的概率为( B ).

A. 0　　　　　B. $\frac{1}{3}$　　　　　C. $\frac{2}{3}$　　　　　D. 1

3. 一个袋子中共有 20 个形状、大小均相同的小球，上面分别标有数字 $1 \sim 20$，现从袋中随意摸出一球，上面的数字不小于 10 的概率为( C ).

A. $\frac{9}{20}$　　　　　B. $\frac{1}{2}$　　　　　C. $\frac{11}{20}$　　　　　D. 1

#### 二、填空题

4. 掷一颗质地均匀的骰子，出现 3 点或 5 点的概率为 $\frac{1}{3}$ .

5. 从英语单词"mathematics"中任意选择一个字母，这个字母为"m"的概率为 ___ .

6. 如果从不包括大、小王的 52 张扑克牌中任意抽取 1 张，那么抽到 6 的概率为 ___ ，抽到红心的概率为 ___ .

**改错与反思**

7. 3 个小朋友一起玩游戏，需要确定做游戏的先后顺序，他们约定用"石头、剪子、布"的方式确定. 在一个回合中三个人都出"布"的概率为 $\dfrac{1}{27}$.

### 三、解答题

8. 有 10 本课外辅导书，其中数学 3 本，英语 4 本，物理 2 本，语文 1 本. 现从中任取一本，求：

(1)取到理科辅导书的概率；　$\dfrac{1}{2}$

(2)取到的不是英语辅导书的概率. $\dfrac{3}{5}$

解(1) 理科
$(3+2)\div 10$
$=5\div 10$
$=\dfrac{1}{2}$

(2) $(3+2+1)\div 10$
$=6\div 10$
$=\dfrac{3}{5}$

9. 某人密码箱的密码是一个四位数号码，每位上的数字可在 0～9 中任意选取.

(1)开箱时任意按下一个四位数号码，正好打开密码箱的概率是多少？ $\dfrac{1}{10^4}$

(2)某人未记准首位上的数字，他随意按下一个首位数字正好按对的概率是多少. $\dfrac{1}{10}$

解(1) $\dfrac{1}{10}\times 10\times 10\times 10 = \dfrac{1}{10^4}$

(2) $1\div 10 = \dfrac{1}{10}$

**拓展训练**

请你了解一种生活中正在发售的彩票的设奖情况，并计算出购买一注彩票分别中不同等级奖的概率.

# §10.3 总体、样本与抽样方法

## 知识要点

1. 在统计学中，把所研究对象的数量指标取值的全体称为总体．总体中每一研究对象的数量指标取值称为个体．

2. 我们把从总体中抽取一部分个体的过程称为抽样，被抽取的部分个体叫作总体的一个样本．样本所含个体的个数叫作样本容量．

3. 抽样方法有：简单随机抽样、系统抽样、分层抽样．

## 基础训练

### 一、选择题

1. 要检查一批零件的直径是否符合标准，下列说法正确的是( B ).

A. 这批零件是总体　　　　B. 这批零件的直径是总体

C. 每个零件是个体　　　　D. 以上说法都不正确

2. 在下列抽样试验中，用抽签法抽样方便的是( B ).

A. 从某厂生产的 3 000 件产品中抽取 200 件进行质量检验

B. 从某厂生产的两箱(每箱 15 件)产品中抽取 6 件进行质量检验

C. 从甲、乙两厂生产的两箱(每箱 15 件)产品中抽取 6 件进行质量检验

D. 从某厂生产的 3 000 件产品中抽取 10 件进行质量检验

3. 学校要在高一到高三的三个年级中选出 100 名学生抽查其体质健康状况，请问用哪种抽样方法较为合适？( C ).

A. 简单随机抽样　　　　B. 系统抽样

C. 分层抽样　　　　　　D. 不知道

4. 某林场有树苗 30 000 棵，其中松树苗 4 000 棵．为了调查树苗的生长情况，采用分层抽样的方法抽取一个容量为 150 的样本，则样本中松树苗的数量为( C ).

A. 30　　　　B. 150　　　　C. 20　　　　D. 15

### 二、填空题

5. 要估计 50 名运动员的跑步成绩，从中抽取了 10 名进行检测．其中总体是 50名运动员的跑步成绩 ，样本是 10名运动员的跑步成绩 ，样本容量为 10 .

6. 欲从 700 辆汽车中抽取 70 辆测试某种性能，选取 系统抽样 抽样方法比较合适.

**改错与反思**

三、解答题

7. 在下列范围内，请选取适当的方法抽样调查学生的肺活量，并简单描述其过程.

(1) 在某班内，设班级人数为 50 人，从中抽取 5 人；

(2) 在某学校内，设学校人数为 700 人，从中抽取 50 人；

(3) 在某地区内，设该地区共有 4 个区、县，学生比例为 1:2:2:1，从中抽取 300 人.

(1) 简单随机抽样 采用抽签或随机数表抽取 5 人.

(2) 系统抽样 将700名学生编号，由于700:14 所以每14人分到50段 并规定各段抽取顺序号 设第9号明学 得到容量为50的样本 其学生号码为 9. 23. 37……695.

(3) 以 1:2:2:1 在4个区分别抽 50人 100人 100人 50人.

8. 某学校对汽修专业学生进行职业能力鉴定，其中 20 名学生的成绩为：66，45，70，64，40，89，92，67，73，60，81，83，92，55，68，74，80，85，90，82.

指出其中的总体、个体、样本、样本容量.

**拓展训练**

调查你所在班级的同学每天进行体育锻炼的时长，并设计一个抽样方案.

# §10.4 用样本估计总体

改错与反思

## 知识要点

1. 将一组数据按照数值大小的顺序排列，每个值为一类，记录各类中数值出现的频数和频率，制成表格，这个表就是统计分布表.

2. 观察某个样本，得到一组数据 $x_1$，$x_2$，$x_3$，…，$x_n$，那么这个样本的均值为

$$\bar{x} = \frac{x_1 + x_2 + x_3 + \cdots + x_n}{n}.$$

3. 假设一个总体是一组数据，分别为 $x_1$，$x_2$，…，$x_m$，$\bar{x}$ 表示这组数据的均值，则称 $\sigma^2 = \frac{1}{m}\left[(x_1-\bar{x})^2 + (x_2-\bar{x})^2 + \cdots + (x_m-\bar{x})^2\right]$ 为这个总体的方差. 但实际生活中，总体的均值一般不易求得，但我们可用样本来估计总体情况. 对于一组样本 $x_1$，$x_2$，…，$x_n$ 来说，我们得到样本的方差为

$$s^2 = \frac{1}{n}\left[(x_1-\bar{x})^2 + (x_2-\bar{x}) + \cdots + (x_n-\bar{x})^2\right],$$

其中 $\bar{x}$ 为样本均值.

样本的方差 $s^2$，刻画了样本与均值 $\bar{x}$ 的平均偏离程度；其算术平方根 $s$ 称为样本的标准差，标准差越大，样本的离散程度越大；标准差越小，样本的离散程度越小.

## 基础训练

### 一、选择题

1. 从一批棉花中抽取 9 根棉花纤维，长度如下（单位：mm）：82，202，352，321，25，293，86，206，115，则样本均值为(  )mm.

A. 200.24    B. 164.50    C. 186.89    D. 170.68

2. 上题中，样本标准差为(  )mm.

A. 100.57    B. 117.26    C. 109.83    D. 113.16

3. 科研人员在研究苹果苗长势的时候，随机抽取了 10 株，测得各株的高（单位：cm）为 60，58，51，60，60，76，81，55，56，63，则此样本中，高度为 60 cm 的苹果苗出现的频率为(  ).

A. $\frac{1}{10}$    B. $\frac{1}{5}$    C. $\frac{3}{10}$    D. $\frac{2}{5}$

**改错与反思**

4. 为了解某班同学的体育锻炼情况，学校对全班 40 名同学在一天内进行体育锻炼的时间做了统计，见下表.

| 体育锻炼时长/h | 0.5 | 1 | 1.5 | 2 | 2.5 |
|---|---|---|---|---|---|
| 频数 | 5 | 15 | 10 | 8 | 2 |
| 频率 | 0.125 | 0.375 | 0.25 | 0.2 | 0.05 |

则该班同学在这一天内进行体育锻炼的时间的均值为(　　)h(结果保留两位小数).

A．1.02　　　　B．1.34　　　　C．1.54　　　　D．1.23

**二、填空题**

5. 研究人员对某型号的飞行器的飞行速度进行了 15 次检测，测得最大飞行速度(单位：m/s)分别为：

422.2，417.2，425.6，420.3，425.8，423.1，418.7，428.3，438.3，434.3，431.5，413.5，441.3，423.0，430.2.

样本均值为＿＿＿＿ m/s，标准差为＿＿＿＿ m/s.

6. 为估计某灯泡的寿命，我们进行了抽样调查，结果如下，请完成下表.

| 寿命/h | 频数 | 频率 |
|---|---|---|
| 100～200 | 5 | |
| 200～300 | 20 | |
| 300～400 | | |
| 400～500 | 20 | |
| 500～600 | 15 | |
| 合计 | 100 | |

7. 一位中学生在 30 天内记忆英语单词的日记量的统计分布表如下.

| 日记量/个 | 51 | 52 | 53 | 54 | 55 | 56 | 57 |
|---|---|---|---|---|---|---|---|
| 频数 | 2 | 3 | 6 | 8 | 7 | 3 | 1 |
| 频率 | 0.067 | 0.100 | 0.200 | 0.267 | 0.233 | 0.100 | 0.033 |

则这位中学生在 30 天内记忆英语单词的平均日记量为＿＿＿＿个，标准差为＿＿＿＿个.

8. 某雷达测速区在某个时段内监测到的 100 辆汽车的时速统计分布表如下.

| 时速/km | 30 | 40 | 50 | 60 | 70 | 80 |
|---|---|---|---|---|---|---|
| 频数 | 2 | 3 | 15 | 50 | 25 | 5 |
| 频率 | 0.02 | 0.03 | 0.15 | 0.5 | 0.25 | 0.05 |

则这 100 辆汽车的平均时速为_____ km.

**三、解答题**

9. 为了解全班 60 人某一次测试的成绩情况,老师抽取了其中 20 人的成绩,具体如下.

1 2 4 5 4 3 4 5 3 4 1 2 3 4 5 2 5 2 3 1

(1)列出统计分布表并绘制频率分布直方图;

(2)求平均分.

10. 有 20 种不同的零食,它们所含的热量如下(单位:kJ).

110　120　123　165　432　190　174　235　428　318

249　280　162　146　210　120　123　120　150　140

求这些零食热量的均值与标准差.

**拓展训练**

在一次法律知识竞赛中,两组学生的成绩统计表如下.

| 分数/分 | 50 | 60 | 70 | 80 | 90 | 100 |
|---|---|---|---|---|---|---|
| 甲组人数 | 2 | 4 | 10 | 16 | 12 | 6 |
| 频率 | 0.04 | 0.08 | 0.2 | 0.32 | 0.24 | 0.12 |

| 分数/分 | 50 | 60 | 70 | 80 | 90 | 100 |
|---|---|---|---|---|---|---|
| 乙组人数 | 6 | 8 | 3 | 8 | 13 | 12 |
| 频率 | 0.12 | 0.16 | 0.06 | 0.16 | 0.26 | 0.24 |

(1)分别计算两组学生的平均成绩;

(2)分别计算两组学生的成绩的标准差,并判断哪一组学生的成绩比较稳定.

# 第 10 章综合练习

（时间：40 分钟）

**一、选择题**

1. 某学校校园有 4 个门可出入，若从一个门进入，再从另外一个门出去，共有（　　）种不同走法.

A. 7　　　　　　B. 8　　　　　　C. 12　　　　　　D. 16

2. 某班共有 40 名学生，其中 16 名学生技能考核成绩优秀，从该班任选一名学生，选到技能考核成绩优秀的学生的概率为（　　）.

A. $\dfrac{3}{10}$　　　　B. $\dfrac{1}{40}$　　　　C. $\dfrac{3}{5}$　　　　D. $\dfrac{2}{5}$

3. 某社区要调查该社区各年龄段的人对社会主义核心价值观的了解情况，应采取（　　）抽样.

A. 简单随机抽样　　　　　　　B. 系统抽样

C. 分层抽样　　　　　　　　　D. 不知道

4. 为了解某班级同学的阅读情况，我们将全班 30 名同学一天内的阅读时长整理了出来，见下表.

| 阅读时长/h | 0.5 | 1 | 1.5 | 2 | 2.5 |
| --- | --- | --- | --- | --- | --- |
| 频数 | 5 | 10 | 6 | 5 | 4 |

该班同学在这一天的平均阅读时长为（　　）h.（结果保留两位小数）

A. 1.40　　　　B. 1.38　　　　C. 1.37　　　　D. 1.39

**二、填空题**

5. 在一定条件下，有可能发生也有可能不发生的事件叫作_____.

6. 某社区为了解老年人（60 岁以上）占社区人口总数的比例，随机抽取了 3 个住宅小区进行调查，总共调查了 2 134 人，其中老年人 518 人，从该社区中任抽选一个人是老年人的概率为_____.

7. 要了解 500 名学生的数学测试成绩情况，从中抽取了 50 名学生的成绩. 其中总体是_____，样本是_____，样本容量为_____.

8. 为估计某品牌汽车的故障率分布，人们对其在 10 000 km 内的故障次数进行了抽样调查，结果如下，请完成下表.

| 故障次数 | 频数 | 频率 |
|---|---|---|
| 5 | 5 | |
| 4 | 20 | |
| 3 | 40 | |
| 2 | 20 | |
| 1 | 15 | |
| 合计 | 100 | |

改错与反思

**三、解答题**

9. 求在"石头、剪子、布"的游戏中，两人做同样手势的概率.

10. 4 张卡片上分别写有数字 1，2，3，4，随机抽取一张后放回，再随机抽取一张，求：

(1)两次抽取的数字之和恰好为 5 的概率；

(2)第二次抽取的数字能够整除第一次抽取的数字的概率.

11. 在"春苗杯"技能竞赛中，两组钣金修复选手的成绩如下.

甲组

| 分数/分 | 50 | 60 | 70 | 80 | 90 | 100 |
|---|---|---|---|---|---|---|
| 频数 | 0 | 3 | 2 | 3 | 1 | 1 |
| 频率 | | | | | | |

乙组

| 分数/分 | 50 | 60 | 70 | 80 | 90 | 100 |
|---|---|---|---|---|---|---|
| 频数 | 2 | 1 | 3 | 0 | 2 | 2 |
| 频率 | | | | | | |

（1）完成上表，并分别计算两组选手的平均成绩；

（2）分别计算两组选手的成绩的标准差，并判断哪一组选手的成绩波动较小.

# 第 10 章检测题

（时间：40 分钟　满分 100 分）

**一、选择题**（每小题 8 分，共 32 分）

1. 下列事件不是随机事件的是（　　）．

A．如果 $a$，$b$ 都是实数，那么 $ab＝ba$

B．某电话机在 1 分钟内收到 2 次呼叫

C．从生产的 100 个灯泡中取出 5 个都是次品

D．从一副扑克牌中任取一张，取到大王

2. 30 袋牛奶中有 3 袋已过了保质期，从中任取一袋，取到过期牛奶的概率为（　　）．

A．$\dfrac{2}{5}$　　　　B．$\dfrac{1}{10}$　　　　C．$\dfrac{9}{10}$　　　　D．$\dfrac{1}{6}$

3. 某地区三所职业学校的学生人数比例为 1∶2∶2，现要抽样调查学生的数学成绩，应该采用（　　）的抽样方法．

A．简单随机　　　B．系统抽样　　　C．分层抽样　　　D．抽签法

4. 从 100 瓶矿泉水中抽取 50 瓶，测得其容量如下．

| 容量/mL | 196 | 198 | 199 | 200 | 202 |
|---|---|---|---|---|---|
| 频数 | 5 | 12 | 12 | 15 | 6 |
| 频率 | 0.1 | 0.24 | 0.24 | 0.3 | 0.12 |

则其样本均值为（　　）mL．

A．198.31　　　　　　　　　B．199.12

C．200.06　　　　　　　　　D．200.30

**二、填空题**（每小题 8 分，共 32 分）

5. 已知 $A$，$B$ 是互斥事件，$P(A)＝0.3$，$P(A＋B)＝0.72$，$P(B)＝$ ＿＿＿＿＿．

6. 口袋内装有一些大小相同的红球、白球和黑球，从中摸出 1 个球，摸出红球的概率是 0.38，摸出白球的概率是 0.52，那么摸出黑球的概率为 ＿＿＿＿＿．

7. 要检测一批电池的寿命，在同一批次生产的 100 个电池中抽取 20 个进行检测，其中样本容量为 ＿＿＿＿＿．

8. 某市某日 8 个区、县的最高气温的统计表如下．

改错与反思

| 最高气温/℃ | 30 | 32 | 35 | 36 | 37 |
|---|---|---|---|---|---|
| 频数 | 1 | 2 | 3 | 1 | 1 |
| 频率 | 0.125 | 0.25 | 0.375 | 0.125 | 0.125 |

则这 8 个区县的最高气温的标准差为_____℃(结果保留两位小数).

**三、解答题**(第 9 题 10 分,第 10 题 12 分,第 11 题 14 分,共 36 分)

9. 口袋内装有大小相同的 1 个白球和已编有不同号码的 4 个红球,从中摸出一个球是红球的概率是多少?

10. 假设在 10 000 张奖券中,有 1 个一等奖,5 个二等奖,10 个三等奖,若随机抽取一张奖券,求:

(1)获得一等奖的概率和获得二等奖的概率;

(2)中奖的概率.

11. 青少年的视力水平是全社会共同关注的问题,某学校为了了解高一学生的视力水平,从高一年级中随机抽取了 30 名学生进行调查,其结果如下(采用标准对数视力表).

4.9　4.5　4.6　4.7　5.0　5.1　5.2　4.5　4.4　4.6

4.7　4.8　4.5　5.0　4.7　4.3　4.8　4.9　4.8　4.7

4.8　4.3　4.9　5.2　4.5　4.6　4.8　5.0　4.6　4.9

(1)列出统计分布表,并画出频率分布直方图;

(2)求出样本均值.

# 期末测试题（A 组）

（时间：90 分钟　满分 100 分）

**一、选择题**（每题 4 分，共 40 分）

1. 若正方形 $ABCD$ 的边长为 1，则 $|\overrightarrow{AB}+\overrightarrow{BC}-\overrightarrow{BD}|=($　　$)$.

　A. 1　　　　　　B. $\sqrt{2}$　　　　　C. 2　　　　　　D. $2\sqrt{2}$

2. 已知 $|\boldsymbol{a}|=4$，$|\boldsymbol{b}|=3$，$\boldsymbol{a}$ 与 $\boldsymbol{b}$ 的夹角 $\langle\boldsymbol{a},\boldsymbol{b}\rangle=30°$，则 $\boldsymbol{a}\cdot\boldsymbol{b}=($　　$)$.

　A. 6　　　　　　B. 12　　　　　C. $6\sqrt{3}$　　　　D. $12\sqrt{3}$

3. 斜率是 $-2$，且过点 $A(0,3)$ 的点斜式方程为（　　）.

　A. $y=3x-2$　　　　　　　　B. $y=2x+3$

　C. $y=-2x-3$　　　　　　　D. $y=-2x+3$

4. 在一次试验中，若事件 $A$ 与 $B$ 不能同时发生，则称 $A$ 与 $B$ 是（　　）.

　A. 互斥事件　　B. 对立事件　　C. 独立事件　　D. 等可能事件

5. 将一枚质地均匀的硬币连掷 5 次，则 5 次都出现正面的概率为（　　）.

　A. $\dfrac{1}{5}$　　　　　B. $\dfrac{1}{8}$　　　　　C. $\dfrac{1}{16}$　　　　D. $\dfrac{1}{32}$

6. 在等差数列 $\{a_n\}$ 中，$a_5=6$，$a_{13}=18$，则 $a_9=($　　$)$.

　A. 3　　　　　　B. 6　　　　　C. 12　　　　　D. 14

7. 在等比数列 $\{a_n\}$ 中，$a_2=2$，$a_5=6$，则 $a_8=($　　$)$.

　A. 10　　　　　B. 12　　　　　C. 18　　　　　D. 24

8. 圆 $x^2+y^2-4x-1=0$ 的圆心坐标及半径为（　　）.

　A.（2，0），5　B.（2，0），$\sqrt{5}$　C.（0，2），5　D.（0，2），$\sqrt{5}$

9. 圆 $x^2+y^2-4x-2y=0$ 的圆心到直线 $3x-4y+8=0$ 的距离等于（　　）.

119

A. 2      B. 3      C. 4      D. 8

10. 如图所示一个底面半径为 $R$ 的圆柱形量杯中装有适量的水,若放入一个半径为 $r$ 的实心铁球,水面高度恰好升高 $r$,则 $\dfrac{R}{r}$ 为(　　).

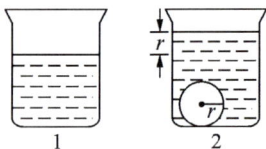

(第 10 题图)

A. $\dfrac{2\sqrt{3}}{3}$      B. 2

C. $2\sqrt{3}$      D. $\dfrac{\sqrt{3}}{3}$

**二、填空题**(每题 4 分,共 20 分)

11. 已知向量 $\boldsymbol{a}=(3,x)$,向量 $\boldsymbol{b}=(7,12)$,且 $\boldsymbol{a}\perp\boldsymbol{b}$,则 $x=$ _____.

12. 在等差数列 $\{a_n\}$ 中,$d=-\dfrac{1}{3}$,$a_7=8$,则 $a_1=$ _____.

13. 已知 $P(A)=0.3$,$P(B)=0.4$,

(1)若 $A$ 与 $B$ 互斥,则 $P(A\cup B)=$ _____.

(2)若 $A$ 与 $B$ 独立,则 $P(A\cap B)=$ _____.

14. 抛掷一枚质地均匀的骰子:

(1)"出现小于或等于两点"的概率为 _____;

(2)"出现奇数点"的概率为 _____.

15. 各顶点都在同一个球面上的正四棱柱的高为 4,体积为 16,则该球的表面积为 _____.

**三、解答题**(每题 5 分,共 40 分)

16. 一个等差数列的第 2 项是 $-6$,第 6 项是 14,求这个等差数列的第 8 项及前 8 项之和.

17. 成等差数列的三个数的和是 9，如果第二个数加上 1，第三个数加上 11，则成等比数列，求这三个数.

18. 已知 $|a|=8$，$|b|=6$，$a$ 与 $b$ 的夹角 $\langle a,b\rangle=60°$，求 $(a+b)\cdot(a-2b)$.

19. 求过直线 $3x\ 2y\ 2=0$ 与 $2x+3y+3-0$ 的交点，并垂直于直线 $4x-2y+5=0$ 的直线的方程.

改错与反思

20. 求以点 $O(4,1)$ 为圆心且与直线 $5x-12y-60=0$ 相切的圆的方程.

21. 盒中装有 5 个外形、质地相同的球,其中白球 2 个,黑球 3 个. 从中任意抽取两个球,求(1)两个球都是黑球的概率;(2)一个黑球、一个白球的概率.

22. 2009 年作者走访了 6 家商店,记录了某品牌的单反相机的价格,分别为(单位:元):

   5 840, 5 920, 6 080, 5 880, 6 120, 5 980.

求样本的平均值、样本的标准差.(保留整数)

23. 如图所示,在三棱锥 $A$-$BCD$ 中,$AB\perp$ 底面 $BCD$,$\angle BCD=90°$,点 $E$,$F$ 分别为 $AC$,$AD$ 的中点. 求证:平面 $BEF\perp$ 平面 $ABC$.

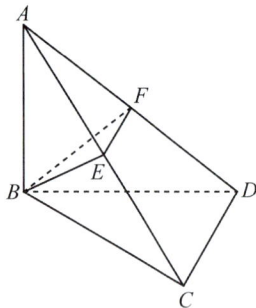

(第 23 题图)

# 期末测试题(B组)

(时间：90分钟　满分100分)

一、选择题(每题4分，共40分)

1. 数列 $\dfrac{1}{2}$，$\dfrac{2}{3}$，$\dfrac{3}{4}$，$\dfrac{4}{5}$，…的一个通项公式为(　　).

A. $a_n = \dfrac{n}{n+1}$ 　　　　　　B. $a_n = \dfrac{n^2 + 2n}{n+1}$

C. $a_n = \dfrac{n^2 + n + 1}{n+1}$ 　　　　D. $a_n = \dfrac{n^2 + 2n}{n^2 + 1}$

2. 直线 $3x + y - 6 = 0$ 关于 $y$ 轴对称的直线的方程为(　　).

A. $3x - y + 6 = 0$ 　　　　B. $3x + y + 6 = 0$

C. $x + 3y + 6 = 0$ 　　　　D. $x - 3y + 6 = 0$

3. 在等比数列 $\{a_n\}$ 中，$a_3 = -2$，$q = 3$，则 $S_6 = ($　　$)$.

A. $-\dfrac{728}{9}$ 　　　B. $-728$ 　　　C. $-81$ 　　　D. $-729$

4. 下列各组向量相互垂直的是(　　).

A. $\boldsymbol{a} = (-3, 4)$，$\boldsymbol{b} = (2, -1)$ 　　B. $\boldsymbol{a} = (-4, 3)$，$\boldsymbol{b} = (-3, -4)$

C. $\boldsymbol{a} = (2, 1)$，$\boldsymbol{b} = (0, -3)$ 　　D. $\boldsymbol{a} = (-5, 7)$，$\boldsymbol{b} = (7, -5)$

5. 已知 $|\boldsymbol{a}| = 4$，$|\boldsymbol{b}| = 5$，且向量 $\boldsymbol{a}$ 与 $\boldsymbol{b}$ 的夹角为 $60°$，则 $|\boldsymbol{a} + \boldsymbol{b}| = ($　　$)$.

A. $10$ 　　　　B. $20$ 　　　　C. $10\sqrt{3}$ 　　　D. $\sqrt{61}$

6. 圆心为 $(1, 2)$ 且与 $y$ 轴相切的圆的方程为(　　).

A. $(x-1)^2 + (y-2)^2 = 1$ 　　B. $(x-1)^2 + (y+2)^2 = 2$

C. $(x+1)^2 + (y-2)^2 = 1$ 　　D. $(x+1)^2 + (y-2)^2 = 4$

7. 在 $x$ 轴上截距是 $2$，且垂直于直线 $2x - y + 4 = 0$ 的直线的方程为(　　).

改错与反思

A. $x+2y+4=0$　　　　　　B. $2x-y-4=0$

C. $x+2y-2=0$　　　　　　D. $2x-y+4=0$

8. 过原点及$(-2,2)$的直线的倾斜角$\alpha=($　　　$)$.

A. $45°$　　　　B. $-45°$　　　　C. $135°$　　　　D. $60°$

9. 任选一个不大于 20 的正整数,它恰好是 3 的倍数的概率为(　　　).

A. $\dfrac{3}{20}$　　　　B. $\dfrac{1}{4}$　　　　C. $\dfrac{3}{10}$　　　　D. $\dfrac{1}{5}$

10. 下列命题正确的是(　　　).

A. 如果一条直线平行于一个平面内的一条直线,则这条直线平行于这个平面

B. 如果一条直线平行于一个平面内的无数条直线,则这条直线平行于这个平面

C. 如果一条直线垂直于一个平面内的无数条直线,则这条直线垂直于这个平面

D. 如果一条直线垂直于一个平面内的所有直线,则这条直线垂直于这个平面

二、填空题(每题 4 分,共 20 分)

11. 等差数列的第 10 项为 23,第 25 项为 $-22$,则这个数列的通项公式为_____.

12. 向量 $\boldsymbol{a}=(\sqrt{3},1)$,$\boldsymbol{b}=(1,-\sqrt{3})$,则这两个向量的夹角为_____.

13. 以坐标原点为圆心,且与直线 $2x-3y+1=0$ 相切的圆的标准方程为_____.

14. 若球的体积为 $32\pi$ cm³,则此球的表面积为_____.

15. 在"奥运金牌有奖竞猜"活动中有 500 人答对了,现从中抽出 5 个一等奖,20 个二等奖,则每个人获一等奖或二等奖的概率为_____.

三、解答题(第 16~18 题,每题 4 分,第 19~22 题,每题 7 分,共 40 分)

16. 已知三个数成等差数列,其和是 12,其积是 $-132$,求这三个数.

17. 数列 $\{a_n\}$ 的前 $n$ 项和为 $S_n = 2n^2 - 3n$，求数列的通项公式.

18. 已知向量 $\boldsymbol{a} = (6, 2)$，$\boldsymbol{b} = (-3, k)$，当 $k$ 为何值时，有 $(1)\boldsymbol{a} /\!/ \boldsymbol{b}$；$(2)\boldsymbol{a} \perp \boldsymbol{b}$.

19. 直线 $2x + y - b = 0$ 与圆 $x^2 + y^2 - 4x + 2y - 15 = 0$ 相切，求 $b$.

改错与反思

20. 求与圆 $x^2+y^2-4x+6y-3=0$ 同心，且过点$(-1，1)$的圆的方程.

21. 已知点 $E$，$F$，$G$，$H$ 为空间四边形 $ABCD$ 的边 $AB$，$BC$，$CD$，$DA$ 上的点，且 $EH /\!/ FG$. 求证：$EH /\!/ BD$.

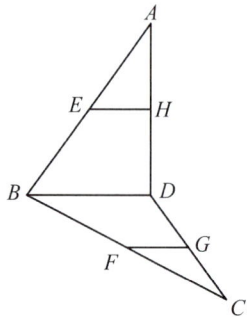

(第 21 题图)

22. 某车间的甲、乙、丙三个生产小组加工同一种零件，三个小组的生产定额之比为 $3：4：3$. 为了掌握总的零件加工质量情况，现用分层抽样的方法抽取一个样本进行检验. 已知从甲小组加工的零件中抽取了 12 件，那么此样本容量为多少？

# 参考答案

## 第 6 章　数　列

### §6.1　数列的概念

#### 6.1.1　数列的概念

**【基础训练】**

**一、选择题**

　　1. B　2. A　3. B　4. B

**二、填空题**

　　5. 8，6

　　6. 有穷

**【拓展训练】**

　　解：共 12 个.

　　1，2，2，3;　　1，2，3，2;　　2，1，2，3;　　2，1，3，2;

　　2，2，1，3;　　2，2，3，1;　　2，3，1，2;　　2，3，2，1;

　　3，1，2，2;　　3，2，1，2;　　3，2，2，1;　　1，3，2，2.

#### 6.1.2　数列的通项公式

**【基础训练】**

**一、选择题**

　　1. B　2. B　3. B　4. D

**二、填空题**

　　5. $-1$，3，$-1$，3

6. $a_n = (-1)^n (2n-1)$

**三、解答题**

7. $a_n = 3n - 1$.

8. 解：由 $3n+1=16$，得 $n=5 \in \mathbf{N}^*$．所以 16 是这个数列中的项，是第 5 项．

由 $3n+1=45$，得 $n=\dfrac{44}{3}$，$\dfrac{44}{3}$ 不是正整数．所以 45 不是该数列中的项．

【拓展训练】

1. 解：由 $a_n = n^2 - 7n - 8 < 0$，解得 $1 < n < 8$，因此数列中有 6 项为负数．

2.（1）解：设 $-60$ 是数列 $\{a_n\}$ 中的项．

所以 $30 + n - n^2 = -60$，

解得 $n = 10$ 或者 $n = -9$（舍去）．

因此 $-60$ 是数列 $\{a_n\}$ 的第 10 项．

（2）当 $a_n = 0$ 时，$30 + n - n^2 = 0$．解得 $n = 6$，$n = -5$（舍去）．

当 $a_n > 0$ 时，$30 + n - n^2 > 0$．解得 $-5 < n < 6$，但 $n \in \mathbf{N}^*$，即 $0 < n < 6$.

当 $a_n < 0$ 时，$30 + n - n^2 < 0$．解得 $n > 6$ 或 $n < -5$（舍去）．

# §6.2　等差数列

## 6.2.1　等差数列的概念及通项公式

【基础训练】

**一、选择题**

1. D　2. C　3. D　4. C

**二、填空题**

5. 14

6. 5

**三、解答题**

7. $a_6 = 7$.

8. 56，104，152.

【拓展训练】

$a_n = 2^n - 1$.

## 6.2.2　等差数列前 $n$ 项和公式

【基础训练】

**一、选择题**

1. A　2. C　3. B　4. D

## 二、填空题

5. −6

6. 245

## 三、解答题

7. 解：$a_8 = a_1 + (8-1)d$. 所以 $-28 = -7 + 7d$，$d = -3$，

$$S_{10} = 10 \times (-7) + \frac{10 \times 9}{2} \times (-3) = -205.$$

8. 解：设这三个数为 $a-d$，$a$，$a+d$，则

$$\begin{cases} (a-d)+a+(a+d)=21, \\ (a-d) \cdot a \cdot (a+d)=168, \end{cases} \Rightarrow \begin{cases} a=7, \\ d=\pm 5. \end{cases}$$

当 $a=7$，$d=5$ 时，这三个数为 2，7，12；

当 $a=7$，$d=-5$ 时，这三个数为 12，7，2.

## 【拓展训练】

解：由题意得

$a_1 = 200$，$d = 100$，$S_n = 3\ 500$.

因为 $S_n = na_1 + \dfrac{n(n-1)}{2}d$，

所以 $200n + \dfrac{n(n-1)}{2} \times 100 = 3\ 500$.

化简得 $n^2 + 3n - 70 = 0$.

解得 $n = -10$（舍去）或 $n = 7$.

答：7 个月后，该厂共生产 3 500 个零件.

# §6.3 等比数列

## 6.3.1 等比数列的概念及通项公式

## 【基础训练】

## 一、选择题

1. D  2. B  3. C  4. A

## 二、填空题

5. 是

6. 243

## 三、解答题

7. $\dfrac{2}{3}$，3.

8. $\dfrac{1}{3}$.

【拓展训练】

是.

### 6.3.2 等比数列前 $n$ 项和公式

【基础训练】

**一、选择题**

1. B   2. B   3. A   4. C

**二、填空题**

5. $\pm\dfrac{1}{2}$，67.5 或 22.5

6. $\dfrac{21}{4}$

**三、解答题**

7. $\dfrac{4}{7}$.

8. 解：设用满 5 年后还能卖 $a_n$ 元，由题意知，此折后价格成等比数列，首项为 20，公比为 $(1-10\%)$，项数为 6.

$$a_n = 20\,(1-10\%)^{6-1} \approx 11.81（万元）$$

答：这辆车用满 5 年后卖掉，还能卖 11.81 万元.

【拓展训练】

1. $S_n = 2^n - 1$.

2. $S_8 = \dfrac{255}{7}$.

## §6.4   数列实际应用举例

【基础训练】

**一、选择题**

1. B   2. B   3. B   4. D

**二、填空题**

5. 1 330

6. 6

**三、解答题**

7. 解：设大约 $x$ 年后可使总出售量达到 4 500 只.

$$\dfrac{1\,000 \times [1-(1+8\%)^x]}{1-(1+8\%)} = 4\,500$$

$$1.08^x = 1.36$$

$$x \approx 4.$$

答：从今年起大约 4 年后可使总出售量达到 4 500 只.

8. 解：设使用 $n$ 年时平均费用最少，则年平均费用为

$$\frac{10+[0.9+0.2+0.9+0.2+(n-1)\times0.2]\times\frac{n}{2}}{n}$$

$$=\frac{10+(2+0.2n)\times\frac{n}{2}}{n}$$

$$=\frac{10+n+0.1n^2}{n}$$

$$=\frac{10}{n}+1+0.1n$$

$$=\frac{10}{n}+\frac{n}{10}+1.$$

可得：$n=10$ 时，年平均费用最少.

【拓展训练】

解：当放在最左侧坑旁时，路程和为 $2\times(0+10+20+\cdots+190)$；当放在左侧第 2 个坑旁时，路程和为 $2\times(10+0+10+20+\cdots+180)$(减少了 360 m)；当放在左侧第 3 个坑旁时，路程和为 $2\times(20+10+0+10+20+\cdots+170)$(减少了 680 m)；依次进行，显然当放在中间的第 10、11 个坑旁时，路程和最小，为 $2\times(90+80+\cdots+0+10+20+\cdots+100)=2\,000$.

答案：最小值为 2 000.

## 第 6 章综合练习

### 一、选择题

1. B  2. B  3. B  4. B

### 二、填空题

5. $\pm2$

6. 3

7. 18

### 三、解答题

8. 解：根据题意得

$$a_1+2d=2, \qquad\qquad ①$$

$$10a_1+10\times(10-1)d/2=95. \qquad ②$$

由①②解得 $a_1=-4$，$d=3$.

通项公式 $a_n=-4+3(n-1)=3n-7$.

若 20 是这个数列中的项，则 $20=3n-7$，解得 $n=9$，所以 20 是这个数列中的第 9 项.

9. 解：根据题意得 $64=2\times q^5$，解得 $q=2$，$a_n=\dfrac{1}{2}\times 2^{n-1}=2^{n-2}$.

$$S_5=\dfrac{\dfrac{1}{2}\times(1-2^5)}{1-2}=\dfrac{31}{2}.$$

10. 解：根据题意得

$$\begin{cases} a+c=2b, \\ a^2=bc, \\ a+3b+c=10, \end{cases}$$

解得 $a=-4$，$b=2$，$c=8$.

## 第 6 章检测题

### 一、选择题

1. A　2. A　3. C　4. C

### 二、填空题

5. 3

6. $\pm 2$

7. $\dfrac{1\,023}{512}$

### 三、解答题

8. 解：由题意得

$$\begin{cases} a_1+5d=10, \\ 3a_1+\dfrac{3\times 2}{2}d=6, \end{cases} \text{化简得} \begin{cases} a_1+5d=10, \\ a_1+d=2. \end{cases}$$

解得 $a_1=0$，$d=2$.

所以 $a_n=a_1+(n-1)d=0+(n-1)\times 2=2n-2$.

$$S_{19}=19\times 0+\dfrac{19\times 18}{2}\times 2$$

$$=342.$$

9. 解：由题意得

$$\begin{cases} a_3^2=a_1a_9, \\ S_{10}=55, \end{cases} \text{即} \begin{cases} (a_1+2d)^2=a_1(a_1+8d), \\ 10a_1+\dfrac{10\times 9}{2}d=55. \end{cases}$$

化简得 $\begin{cases} d^2=a_1d, \\ 2a_1+9d=11. \end{cases}$

因为 $d\neq 0$，所以解得 $a_1=d=1$.

所以 $a_n=a_1+(n-1)d=1+(n-1)=n$.

$$S_n = na_1 + \frac{n(n-1)}{2}d$$

$$= n \times 1 + \frac{n(n-1)}{2} \times 1$$

$$= \frac{n^2 + n}{2}.$$

10. 解：由题意得

$$S_n = \frac{a_1(1-q^n)}{1-q}$$

$$= \frac{8(1-2^n)}{1-2} > 2\,040.$$

化简得 $2^n > 256$，即 $2^n > 2^8$，

解得 $n > 8$.

答：至少应取前 9 项之和.

11. 解：(1) 依题意，得

$$\begin{cases} 3a_1 + 3d + 5a_1 + 10d = 50, \\ (a_1 + 3d)^2 = a_1(a_1 + 12d), \end{cases}$$

解得 $a_1 = 3$，$d = 2$.

∴ $a_n = a_1 + (n-1)d = 3 + 2(n-1) = 2n+1$，

即 $a_n = 2n+1$.

(2) 由已知，得 $b_n = a_{2n} = 2 \times 2n + 1 = 4n + 1$，

所以 $T_n = b_1 + b_2 + \cdots + b_n$

$$= (4 \times 1 + 1) + (4 \times 2 + 1) + \cdots + (4n + 1)$$

$$= 4n(2n + 3).$$

# 第7章　平面向量

## §7.1　向量的概念及向量间的关系

【基础训练】

### 一、选择题

1. C　2. D　3. B　4. A

### 二、填空题

5. 相等，相反，$\overrightarrow{BA}$

6. 共线（平行）

### 三、解答题

7. （略）

8.（略）

【拓展训练】

提示：四边形为平行四边形的充要条件是一组对边平行且相等.

## §7.2　向量的运算

### 7.2.1　向量的加法

【基础训练】

一、选择题

1. D　2. C　3. A　4. A

二、填空题

5. $\overrightarrow{AC}$，$\overrightarrow{AC}$，$\overrightarrow{AD}$，$\overrightarrow{AD}$

6. $\overrightarrow{AB}$，**0**，$\overrightarrow{AE}$

三、解答题

7.（略）

8.（略）

【拓展训练】

C

### 7.2.2　向量的减法

一、选择题

1. B　2. C　3. D　4. B

二、填空题

5. $\overrightarrow{NM}$，$\overrightarrow{AC}$

6. $\overrightarrow{BD}$，**0**

三、解答题

7. $-\dfrac{1}{2}(a+b)$.

8.（略）

【拓展训练】

$\dfrac{1}{2}(\overrightarrow{AD}-\overrightarrow{AB})$.

### 7.2.3　实数与向量的乘积

一、选择题

1. A　2. B　3. B　4. A

二、填空题

5. $-9a$，$0.5a$

6. $2\boldsymbol{b}$，$10\boldsymbol{a}-7\boldsymbol{b}-4.5\boldsymbol{c}$

三、解答题

7. (1)$\boldsymbol{a}+5\boldsymbol{b}$；(2)$22\boldsymbol{b}$.

8. (略)

【拓展训练】

证明：因为在$\triangle ABC$中，

$|AM|=\dfrac{2}{3}|AB|$，$|AN|=\dfrac{2}{3}|AC|$.

所以 $\overrightarrow{MN}=\overrightarrow{AN}-\overrightarrow{AM}=\dfrac{2}{3}\overrightarrow{AC}-\dfrac{2}{3}\overrightarrow{AB}=\dfrac{2}{3}\overrightarrow{BC}$.

得 $\overrightarrow{MN}=\dfrac{2}{3}\overrightarrow{BC}$,

所以 $\overrightarrow{MN}/\!/\overrightarrow{BC}$.

## §7.3　向量的坐标

【基础训练】

一、选择题

1. C　2. B　3. B　4. C

二、填空题

5. $(1，2)$，$(7，-12)$，$(25，-41)$

6. $\left(-4，-\dfrac{1}{3}\right)$

三、解答题

7. $-\dfrac{7}{2}$.

8. $(2，2)$.

【拓展训练】

$\lambda=2$.

## §7.4　向量的内积

一、选择题

1. A　2. D　3. D　4. A

二、填空题

5. $15\sqrt{2}$

6. 3

三、解答题

7. $32$，$2\sqrt{13}$.

8. $36$，$\sqrt{65}$.

【拓展训练】

$\dfrac{3}{2}$.

## 第7章综合练习

一、选择题

1. C  2. D  3. C  4. D

二、填空题

5. $\overrightarrow{ED}$

6. 6

7. $\dfrac{1}{2}a - \dfrac{3}{2}b$

三、解答题

8. $\left(\dfrac{1}{2}，\dfrac{7}{2}\right)$.

9. $-8$.

10. 直角三角形.〔提示：先求各边所表示的向量坐标与长度，再利用最大角的余弦进行判断，或利用勾股定理的逆定理进行判断.〕

## 第7章检测题

一、选择题

1. C  2. A  3. C  4. B

二、填空题

5. $(-9，0)$

6. $-10$

7. $(-3，-4)$

三、解答题

8. $(-1，4)$.

9. $\left(-\dfrac{7}{9}，-\dfrac{7}{3}\right)$.〔提示：先设出 $c$ 的坐标，再计算 $c+a$ 与 $a+b$ 的坐标，然后利用平行和垂直的充要条件建立方程组求 $c$.〕

10. $(2，2)$或$(-6，0)$或$(4，6)$.

# 第8章 直线和圆的方程

## §8.1 两个基本公式

【基础训练】

一、选择题

1. D  2. B  3. D  4. C

二、填空题

5. $\sqrt{5}$

6. $(6,-7)$

三、解答题

7. $|AB|=5$，$|AC|=5\sqrt{2}$，$|BC|=\sqrt{41}$.

8. $n=11$，$m=-20$.

【拓展训练】

解：$|AB|=2\sqrt{10}$，$|AC|=2\sqrt{5}$，$|BC|=2\sqrt{5}$，所以 $AC$，$BC$ 为等腰 $\triangle ABC$ 的两腰，$AB$ 为底边，其底边的中点坐标为 $D(1,4)$. 高 $h=|CD|=\sqrt{(1-2)^2+(4-1)^2}=\sqrt{10}$.

## §8.2 直线的倾斜角及斜率

【基础训练】

一、选择题

1. B  2. A  3. A  4. B

二、填空题

5. $\dfrac{\sqrt{3}}{3}$

6. $-1$

三、解答题

7. $-31$.

8. 解：因为斜率 $k=\tan 30°=\dfrac{\sqrt{3}}{3}$，所以 $\dfrac{0-2}{x-1}=\dfrac{\sqrt{3}}{3}$，即 $x=1-2\sqrt{3}$.

【拓展训练】

（略）

## §8.3 直线方程

### 8.3.1—8.3.2 曲线与方程和直线的点斜式方程

【基础训练】

一、选择题

1. C  2. B  3. C  4. A

二、填空题

5. $-2$

6. $y-3=x+1$

三、解答题

7. 解：将 $P(0，-1)$ 代入直线方程 $2x+y+1=0$ 的左侧，得 $2\times0+(-1)+1=0$，所以 $P(0，-1)$ 在直线 $2x+y+1=0$ 上；同理将 $Q(2，-3)$ 代入直线方程的左侧，得 $2\times2+(-3)+1=2\neq0$，所以 $Q$ 不在直线 $2x+y+1=0$ 上.

8. $y-5=-\sqrt{3}(x-2)$.

【拓展训练】

$y-6=\dfrac{4}{3}(x-2)$ 或 $y-2=\dfrac{4}{3}(x+1)$.

### 8.3.3 直线的斜截式方程

【基础训练】

一、选择题

1. A  2. C  3. C  4. C

二、填空题

5. $-\dfrac{1}{2}$，$(0，3)$

6. $y=\dfrac{\sqrt{5}}{2}x-3$

三、解答题

7. $y=3x-\dfrac{2}{3}$.

8. $y=-x-1$.

【拓展训练】

$(1)\dfrac{2}{3}$；$(2)y-1=\dfrac{2}{3}(x+2)$；$(3)\dfrac{49}{12}$.

### 8.3.4 直线的一般式方程

【基础训练】

**一、选择题**

1．B  2．B  3．A  4．B

**二、填空题**

5．1，$-2$，$-1$

6．$-7$

**三、解答题**

7．$\sqrt{3}x-3y+\sqrt{3}=0$.

8．$y=\dfrac{4}{3}x-4$，$4x-3y-12=0$.

【拓展训练】

解：设过点 $P$ 的直线的方程为 $y-1=k(x-2)$，即 $kx-y+1-2k=0$.

令 $x=0$，则 $y=1-2k$；令 $y=0$，则 $x=2-\dfrac{1}{k}$.

所以 $S_{\triangle AOB}=\dfrac{1}{2}\,|1-2k|\cdot\left|2-\dfrac{1}{k}\right|=4$.

因为点 $P(2，1)$ 在第一象限，直线与两坐标轴的正半轴相交，

所以 $S_{\triangle AOB}=\dfrac{1}{2}(1-2k)\cdot\left(2-\dfrac{1}{k}\right)=4$.

$k=-\dfrac{1}{2}$.

所以此直线的方程为 $y-1=-\dfrac{1}{2}(x-2)$，

即 $x+2y-4=0$.

## §8.4  两条直线的位置关系

### 8.4.1  平行、重合和相交的充要条件

【基础训练】

**一、选择题**

1．B  2．A  3．A  4．D

**二、填空题**

5．平行

6．相交

**三、解答题**

7．(1)平行；(2)相交；(3)重合.

8. $y = \dfrac{3}{4}x - \dfrac{3}{4}$，即 $3x - 4y - 3 = 0$.

【拓展训练】

(1) $y - 3 = -4(x + 1)$，即 $4x + y + 1 = 0$.

(2) $4x + y + 8 = 0$.

## 8.4.2　两条直线垂直

【基础训练】

一、选择题

1. A　2. D　3. C　4. D

二、填空题

5. $2x + y - 5 = 0$

6. $\dfrac{2}{3}$

三、解答题

7.（1）垂直；（2）不垂直；（3）不垂直.

8. $3x - 4y - 23 = 0$.

【拓展训练】

$y + \dfrac{1}{2} = 9\left(x - \dfrac{3}{2}\right)$，即 $9x - y - 14 = 0$.

## §8.5　两条相交直线的交点坐标

【基础训练】

一、选择题

1. C　2. D　3. B　4. D

二、填空题

5. $\left(\dfrac{60}{7}, \dfrac{12}{7}\right)$

6. $-9$

三、解答题

7.（1）$\left(-\dfrac{5}{2}, -2\right)$；（2）$3x + y + \dfrac{19}{2} = 0$.

8.（1）（0, $-1$）；（2）$x - 4y - 4 = 0$.

【拓展训练】

盈亏转折点：每日至少生产 400 件，日产值至少为 10 800 元，才不亏本.

## §8.6 点到直线的距离、两条平行线之间的距离

**【基础训练】**

**一、选择题**

1. D  2. B  3. A  4. C

**二、填空题**

5. $\dfrac{9}{5}$

6. $\dfrac{1}{2}$

**三、解答题**

7. $\sqrt{3}-2$ 或 $-\sqrt{3}-2$.

8. $-17$ 或 $3$.

**【拓展训练】**

$\dfrac{8\sqrt{10}}{15}$.

## §8.7 圆的方程

### 8.7.1 圆的标准方程

**【基础训练】**

**一、选择题**

1. C  2. D  3. A  4. B

**二、填空题**

5. $(5,-3)$, $\sqrt{7}$

6. $-3$ 或 $1$

**三、解答题**

7. (1) $\left(\dfrac{1}{2},0\right)$, $2\sqrt{2}$; (2) $(0,0)$, $\sqrt{13}$.

8. $(x-1)^2+y^2=1$.

**【拓展训练】**

解：圆心点 $C$ 的坐标为 $(-2,3)$，半径 $r=3$.

因为 $|AC|=\sqrt{(-2+5)^2+(3-3)^2}=3=r$，所以点 $A$ 在圆上；同理

得 $|BC|=3\sqrt{2}>r$，所以点 $B$ 在圆外.

## 8.7.2 圆的一般方程

【基础训练】

一、选择题

1. C 2. B 3. D 4. D

二、填空题

5. $5\pi$

6. $x^2 + y^2 + 6x + 5 = 0$

三、解答题

7. 解：(1)把原方程配方，得 $(x-1)^2 + (y+2)^2 = 4 > 0$，所以原方程表示的图形是圆，它的圆心坐标为 $(1, -2)$，半径为 2.

(2)把原方程配方，得 $(x+3)^2 + (y-4)^2 = 0$，所以原方程表示的图形是一个点，它的坐标是 $(-3, 4)$.

(3)把原方程配方，得 $\left(x+\dfrac{1}{2}\right)^2 + (y+1)^2 = -\dfrac{27}{4} < 0$，所以原方程不表示任何图形.

8. (1) $(x-1)^2 + y^2 = 1$；(2)圆心为 $(1, 0)$，半径为 1.

【拓展训练】

解：因为该方程表示一个圆，所以 $D^2 + E^2 - 4F > 0 \Rightarrow (-4)^2 + 10^2 - 4F > 0 \Rightarrow F < 29$，所以 $F$ 的取值范围为 $(-\infty, 29)$.

## 8.7.3 圆的方程的确定

【基础训练】

一、选择题

1. D

2. A[提示：因为圆心为线段 $P_1P_2$ 的中点，所以圆心 $C$ 的坐标为 $\left(\dfrac{2+2}{2}, \dfrac{-2+0}{2}\right) = (2, -1)$，所以半径 $r = |P_1C| = \sqrt{(2-2)^2 + (-1+2)^2} = 1$，从而所求圆的方程为 $(x-2)^2 + (y+1)^2 = 1$.]

3. A[提示：圆心坐标为 $\left(-\dfrac{D}{2}, -\dfrac{E}{2}\right) = \left(-\dfrac{-4}{2}, -\dfrac{6}{2}\right) = (2, -3)$，半径 $r = \sqrt{(-1-2)^2 + (1+3)^2} = 5$，所以圆的方程为 $(x-2)^2 + (y+3)^2 = 25$.]

4. B[提示：$-\dfrac{a}{2} = 2$，$-\dfrac{b}{2} = 1$，则 $a = -4$，$b = -2$，所以半径 $r = \dfrac{\sqrt{(-4)^2 + (-2)^2 - 4\times(-6)}}{2} = \sqrt{11}$.]

**二、填空题**

5. $(x+1)^2+(y-2)^2=9$

6. $(x-1)^2+(y-2)^2=26$

**三、解答题**

7. 解：设圆的方程为 $x^2+y^2+Dx+Ey+F=0$，则

$$\begin{cases}4+2D+F=0,\\16+4E+F=0,\\F=0,\end{cases}\Rightarrow\begin{cases}D=-2,\\E=-4,\\F=0.\end{cases}$$

所以圆的方程为 $x^2+y^2-2x-4y=0$，圆心坐标为 $(1，2)$，半径为 $\sqrt{5}$.

8. 解：设圆心坐标为 $(0，b)$，则

$$\sqrt{(0-1)^2+(b+1)^2}=\sqrt{(0-3)^2+(b-1)^2},$$

解得 $b=2$，圆心 $C$ 的坐标为 $(0，2)$，所以半径

$$r=|AC|=\sqrt{(0-1)^2+(2+1)^2}=\sqrt{10}.$$

因此圆的方程为 $x^2+(y-2)^2=10$.

**【拓展训练】**

解：设所求圆的方程为 $x^2+y^2+Dx+Ey+F=0$，将 $A$，$B$，$C$ 三点坐标代入方程中，

$$\begin{cases}10-D+3E+F=0,\\4+2E+F=0,\\2+D-E+F=0,\end{cases}\Rightarrow\begin{cases}D=8,\\E=2,\\F=-8.\end{cases}$$

所求圆的方程为 $x^2+y^2+8x+2y-8=0$.

## §8.8　直线与圆的位置关系

**【基础训练】**

**一、选择题**

1. A　2. C　3. A　4. B

**二、填空题**

5. $(x-1)^2+(y-2)^2=4\left[提示：r=d=\dfrac{|3\times1+4\times2-1|}{\sqrt{3^2+4^2}}=2.\right]$

6. $\left(0，\dfrac{4}{3}\right)\Big[$提示：圆心为 $(1，-2)$，半径为 2，因为直线 $y=kx$，即

$kx-y=0$ 与圆无交点，则 $d>r\Rightarrow\dfrac{|k+2|}{\sqrt{k^2+(-1)^2}}>2\Rightarrow0<k<\dfrac{4}{3}.\Big]$

**三、解答题**

7. 解：因为圆心为 $O(0，0)$，则 $k_{OP}=\dfrac{-4-0}{3-0}=-\dfrac{4}{3}$，于是所求直线

的斜率为 $k=\dfrac{3}{4}$，所以所求直线的方程为 $y+4=\dfrac{3}{4}(x-3)$，即 $3x-4y-25=0$.

8. 解：$\begin{cases} x^2+y^2=1, \\ 2x-y+m=0, \end{cases}$ 把 $y=2x+m$ 代入 $x^2+y^2=1$ 中，得 $5x^2+4mx+m^2-1=0$. $\Delta=(4m)^2-4\times5(m^2-1)=-4m^2+20$. 当 $-4m^2+20>0$，即 $-\sqrt{5}<m<\sqrt{5}$ 时，相交；当 $-4m^2+20=0$，即 $m=\pm\sqrt{5}$ 时，相切；当 $-4m^2+20<0$，即 $m<-\sqrt{5}$ 或 $m>\sqrt{5}$ 时，相离.

【拓展训练】

解：设圆心 $C$ 的坐标为 $(a, -2a)$，则 $\sqrt{(a-2)^2+(-2a+1)^2}=\dfrac{|a-(-2a)-1|}{\sqrt{2}}$，解得 $a=1$ 或 $a=9$，于是圆心 $C$ 的坐标为 $(1, -2)$ 或 $(9, -18)$，所以半径 $r=\sqrt{2}$ 或 $r=\sqrt{338}$，从而圆的方程为 $(x-1)^2+(y+2)^2=2$ 或 $(x-9)^2+(y+18)^2=338$.

## §8.9 圆的方程的简单应用

【基础训练】

1. 解：设圆轮的方程为 $x^2+y^2+Dx+Ey+F=0$，则
$$\begin{cases} 1-D+F=0, \\ 5+D+2E+F=0, \\ 3-\sqrt{3}E+F=0. \end{cases}$$
求得 $D=-2$，$E=0$，$F=-3$，所求的圆的方程为
$$x^2+y^2-2x-3=0 \Rightarrow (x-1)^2+y^2=4.$$
即圆轮的半径 $r=2$.

2. 提示：设跨度为 $AB$，拱高为 $OC$，以过 $AB$ 的直线为 $x$ 轴，过 $OC$ 的直线为 $y$ 轴，建立平面直角坐标系，则 $A$ 为 $(-18.7, 0)$，$B$ 为 $(18.7, 0)$，$C$ 为 $(0, 7.2)$，$O$ 为 $(0, 0)$，解法同题 1，求得 $D=0$，$E\approx41.4$，$F\approx-349.7$，所求圆的方程为 $x^2+y^2+41.4y-349.7=0$.

3. 提示：解法同教材"§8.9 圆的方程的简单应用"中的例 4，解得圆的方程为 $x^2+(y+10.5)^2=14.5^2$，将点 $P_4$ 的横坐标 $x=6$ 代入圆的方程中，得 $y\approx2.70$（m），即支柱 $A_4P_4$ 的长度约为 2.70 m.

## 第 8 章综合练习

【基础训练】

一、选择题

1. A

2. B[提示：$\tan \alpha = k = \dfrac{\sqrt{3}-0}{0-(-3)} = \dfrac{\sqrt{3}}{3}$，$\alpha = 30°$.]

3. D

4. C[提示：令 $y=0$，$x^2-2x-8=0$，解得 $x=-2$ 或 $x=4$，则 $A$ 为 $(-2，0)$，$B$ 为 $(4，0)$，所以 $|AB| = |4-(-2)| = 6$.]

二、填空题

5. $(7，6)$

6. 1

7. $(x-3)^2+(y+5)^2=32$[提示：$r=d=\dfrac{|3-7\times(-5)+2|}{\sqrt{1^2+(-7)^2}}=4\sqrt{2}$.]

三、解答题

8. 解：设与直线 $3x-4y+8=0$ 平行的直线的方程为 $3x-4y+C=0$，则由题意得 $3\times(-2)-4\times3+C=0$，$C=18$，所以所求直线的方程为 $3x-4y+18=0$.

9. 解：$(1)r=\sqrt{(2-1)^2+(1-1)^2}=1$，

所以圆的方程为 $(x-1)^2+(y-1)^2=1$.

$(2)d=\dfrac{|2-2-1|}{\sqrt{2^2+(-2)^2}}=\dfrac{1}{2\sqrt{2}}<1=r$，所以直线 $l$ 与圆相交.

10. 解：设所求直线的方程为 $y=-2x+b$，即 $2x+y-b=0$.

因为圆心为 $(-5，1)$，它到切线的距离 $d=r=2\sqrt{5}$，则

$$d=\dfrac{|2\times(-5)+1-b|}{\sqrt{2^2+1^2}}=2\sqrt{5}.$$

解得 $b-1$ 或 $b--19$，所以所求直线的方程为 $2x+y+19=0$ 或 $2x+y-1=0$.

# 第8章检测题

【基础训练】

一、选择题

1. A　2. B　3. C　4. D

二、填空题

5. $(2，-5)$

6. $x+2y-5=0$

7. $-\dfrac{9}{2}$[提示：$\dfrac{3}{A}=\dfrac{-2}{3}$.]

三、解答题

8. 解：设与直线 $3x-4y+8=0$ 垂直的直线的方程为 $4x+3y+C=0$，

则由题意得 $4\times(-2)+3\times3+C=0$，$C=-1$，所以所求直线的方程为 $4x+3y-1=0$.

9. 解：设圆的方程为 $x^2+y^2+Dx+Ey+F=0$，则

$$\begin{cases} 4+2E+F=0, \\ 4+2D+F=0, \\ 16+4D+F=0, \end{cases} \Rightarrow \begin{cases} D=-6, \\ E=-6, \\ F=8. \end{cases}$$

所以圆的方程为 $x^2+y^2-6x-6y+8=0$，半径为 $\sqrt{10}$.

10. 解：$\begin{cases} x^2+y^2=4, \\ x-y-k=0, \end{cases}$ 将 $y=x-k$ 代入 $x^2+y^2=4$ 中，得 $2x^2-2kx+k^2-4=0$. $\Delta=(-2k)^2-4\times2(k^2-4)=-4k^2+32$. 当 $-4k^2+32>0$，即 $-2\sqrt{2}<k<2\sqrt{2}$ 时，相交；当 $-4k^2+32=0$ 时，即 $k=\pm2\sqrt{2}$ 时，相切；当 $-4k^2+32<0$，即 $k<-2\sqrt{2}$ 或 $k>2\sqrt{2}$ 时，相离.

11. 解：设所求切线的方程为 $y+2=k(x-2)$，即 $kx-y-2k-2=0$.

因为圆心 $(1,0)$ 到切线的距离 $d=r=1$，则 $d=\dfrac{|k-2k-2|}{\sqrt{k^2+(-1)^2}}=1$.

解得 $k=-\dfrac{3}{4}$. 所以所求直线的方程为 $-\dfrac{3}{4}x-y-2\times\left(-\dfrac{3}{4}\right)-2=0$ 或 $x=2$（当斜率不存在时），即 $3x+4y+2=0$ 或 $x-2=0$.

# 第 9 章　立体几何

## §9.1　平面的基本性质

### 9.1.1　点、线、面

【基础训练】

一、选择题

1. D　2. B

二、填空题

3. $l\subsetneqq\alpha$

4. $l\not\subset\alpha$

5. $\in$；$\notin$. $\in$；$\notin$

### 9.1.2　平面的基本性质

【基础训练】

一、选择题

1. D　2. C　3. C　4. A

## 二、填空题

5. 若一条直线与平面内的一条直线相交，则交点一定在该平面内

6. 经过不在同一条直线上

## 三、解答题

7. 经过不在同一条直线上的三点，有且只有一个平面．不行．

8. 用一根直尺沿着两个不同的方向平移，每次平移都使得它上面有两个点贴着课桌面，检查直尺的其他所有点是否都贴着课桌面，如果是，那么课桌面平坦；否则，课桌面不平坦．

【拓展训练】

（略）

# §9.2 空间直线与平面的关系

## 9.2.1 空间直线与直线之间的关系及性质

【基础训练】

### 一、选择题

1. C 2. C 3. D 4. D

### 二、填空题

5. $b /\!/ c$

6. 相等或互补

7. 异面直线 $a$ 与 $b$ 所成的角（或夹角）

### 三、解答题

8. $BD$，$AD$，$CD$ 所在的直线与 $EF$ 是异面直线．

【拓展训练】

（略）

## 9.2.2 空间直线与平面之间的位置关系

【基础训练】

### 一、选择题

1. A 2. C 3. B 4. C

### 二、填空题

5. 相交或平行的情况

6. $\alpha \cap a = A$，$a /\!/ \alpha$

### 三、解答题

7. 若一条直线上有两点在一个平面内，则这条直线在这个平面内（图略）．

8. 直线 $m \subsetneqq$ 平面 $\beta$，直线 $n \subsetneqq$ 平面 $\beta$，$m \bigcap n = P$，$P \in \beta$.

【拓展训练】

（略）

### 9.2.3　空间平面与平面之间的位置关系

【基础训练】

一、选择题

1. C　2. D　3. B　4. C

二、填空题

5. 平行

6. 同一条直线上

三、解答题

7.(1)两部分；(2)3 部分或 4 部分；(3)4 部分或 6 部分或 7 部分或 8 部分.

8. 提示：过 $P$ 点作 $AD$ 的平行线.

【拓展训练】

平行或异面.（图略）

## §9.3　直线与平面平行的判定及性质

### 9.3.1　直线与平面平行的判定

【基础训练】

一、选择题

1. B　2. D　3. C　4. D

二、填空题

5. 相交或直线在平面内

6. $a \subsetneqq \beta$ 或 $a // \beta$ 或 $a$ 与 $\beta$ 相交

三、解答题

7. 提示：$EF // AC$.

8. 提示：连接 $AC$，$BD$，交点为 $O$，连接 $OQ$，则 $PC // OQ$.

【拓展训练】

因为 $a // \alpha$，所以平面 $\alpha$ 内的直线与 $a$ 只能是平行或异面的关系.

### 9.3.2　直线与平面平行的性质

【基础训练】

一、选择题

1. C　2. A　3. C

## 二、填空题

4．平行或异面

5．平行、相交或异面

## 三、解答题

6．提示：先用直线与平面平行的性质定理，再用公理 4，然后根据直线与平面平行的判定定理得平行．

7．提示：先证 $BB_1 /\!/$ 平面 $CDD_1C_1$，再用直线与平面平行的性质定理证 $BB_1 /\!/ EF$．

**【拓展训练】**

（略）

### 9.3.3　平面与平面平行的判定及性质

**【基础训练】**

## 一、选择题

1．C　2．B　3．B　4．A

## 二、填空题

5．$/\!/$

6．平行

## 三、解答题

7．证明：连接 $EM$，$B'D'$．因为四边形 $ABEM$ 是平行四边形，所以 $BE /\!/ AM$．而 $BE \subsetneq$ 平面 $BDE$，所以 $AM /\!/$ 平面 $BDE$．又因为 $MN$ 是 $\triangle A'B'D'$ 的中位线，所以 $MN /\!/ B'D'$，而四边形 $BDD'B'$ 是平行四边形，所以 $BD /\!/ B'D'$，所以 $MN /\!/ BD$．又 $BD \subsetneq$ 平面 $BDE$，所以 $MN /\!/$ 平面 $BDE$，又因为 $MN \cap AM = M$，所以平面 $AMN /\!/$ 平面 $BDE$．

8．证明：在平面 $SA'B'$ 中，因为 $\dfrac{SA}{SA'} = \dfrac{SB}{SB'}$，$\angle A'SB'$ 是公共角，所以 $AB /\!/ A'B'$，所以 $AB /\!/ \alpha$．同理 $BC /\!/ \alpha$．因为 $AB \cap BC = B$，所以平面 $ABC /\!/ \alpha$．

**【拓展训练】**

平行．

## §9.4　直线与平面垂直的判定及性质

### 9.4.1　直线与平面垂直的判定

**【基础训练】**

## 一、选择题

1．A　2．B　3．D　4．B

## 二、填空题

5. 1

6. 两条相交直线，垂直

## 三、解答题

7. 对．提示：直线与平面垂直的判定定理．

8. 提示：过点 $G$ 作一条与 $C_1G$ 垂直的直线．

【拓展训练】

不一定，原因略．

## 9.4.2 直线与平面垂直的性质

【基础训练】

## 一、选择题

1. A  2. C  3. D  4. C

## 二、填空题

5. 平行

6. 平面的一条斜线和它在平面内的射影所成的锐角

## 三、解答题

7. 1条；无数条．

8. 连接 $AC$．因为 $ABCD\text{-}A_1B_1C_1D_1$ 是正方体，所以 $BD \perp AC$，$BD \perp AA_1$，所以 $BD \perp$ 平面 $AA_1C$．从而 $BD \perp A_1C$．$A_1C \perp B_1D_1$；$AC_1 \perp B_1D_1$；$AC_1 \perp BD$；$B_1D \perp A_1C_1$；$B_1D \perp AC$；$BD_1 \perp A_1C_1$；$BD_1 \perp AC$；等等．

【拓展训练】

平行．提示：作垂直于这条直线的两个平面，可以得到两对平行线，而这两对平行线在两个平面内分别相交，再利用面面平行的判定定理．

## 9.4.3 平面与平面垂直的判定

【基础训练】

## 一、选择题

1. A  2. D  3. B  4. A

## 二、填空题

5. $[0，\pi]$

6. 垂直

## 三、解答题

7. 提示：根据平面与平面垂直的判定定理．

8. 提示：根据直线与平面垂直的定义及二面角的平面角定义．

【拓展训练】

（略）

### 9.4.4 平面与平面垂直的性质

**【基础训练】**

**一、选择题**

1. D   2. D   3. A   4. B

**二、填空题**

5. 垂直于它们交线的直线

6. $\alpha \cap \beta = a$，$b \subsetneqq \alpha$，$b \perp a \Rightarrow b \perp \beta$

**三、解答题**

7. 1.

8. 证明：（1）因为 $AC = AD$，$BC = BD$，又因为 $E$ 是 $CD$ 边的中点，所以 $CD \perp AE$，$CD \perp BE$，$CD \perp$ 平面 $ABE$；

（2）由（1）知，因为 $AB \subsetneqq$ 平面 $ABE$，所以 $CD \perp AB$；

（3）由（1）知，$CD \perp$ 平面 $ABE$，又因为 $CD \subsetneqq$ 平面 $ACD$，所以平面 $ABE \perp$ 平面 $ACD$.

**【拓展训练】**

都有可能.

# §9.5   空间几何体

## 9.5.1   几何体的概念及结构特征

**【基础训练】**

**一、选择题**

1. D   2. A   3. C   4. A

**二、填空题**

5. 直棱柱，斜棱柱

6. 多边形，三角形，一个公共顶点

**三、解答题**

7.（略）

8. 有两种情况：$2\pi$ 和 $6\pi$ 分别作为底面圆的周长．设底面圆的半径为 $r$，则由 $2\pi r = 6\pi$ 得 $r = 3$；或由 $2\pi r = 2\pi$ 得 $r = 1$，所以圆柱底面半径为 3 或 1.

**【拓展训练】**

（略）

## 9.5.2 柱、锥和球的表面积

【基础训练】

一、选择题

1. B  2. C  3. D  4. C

二、填空题

5. $10\pi$ cm²〔提示：$2\times\pi\times1\times5$.〕

6. $7\pi$ cm²〔提示：$\pi\times1^2+\pi\times1\times6$.〕

三、解答题

7. 表面积变为 $\left(6-\dfrac{1}{2}\times3\right)+\dfrac{1}{2}\times\sqrt{2}\times\dfrac{\sqrt{6}}{2}=\dfrac{9+\sqrt{3}}{2}$.

8. $72+24\sqrt{3}$（cm²）.

【拓展训练】

$64\pi$.

## 9.5.3 柱、锥和球的体积

【基础训练】

一、选择题

1. B  2. D  3. C  4. A

二、填空题

5. $V_{柱体}=Sh$

6. $V_{锥体}=\dfrac{1}{3}Sh$

三、解答题

7. $8-\dfrac{1}{6}=\dfrac{47}{6}$（cm³）.

8. 约 23.87 m³ 或 7.6$\pi$ m³.

【拓展训练】

$10^3-5^3=875$（cm³）.

## 第9章综合训练

一、选择题

1. A  2. B  3. B  4. C

二、填空题

5. 棱柱，圆柱，球

6. 12 cm²

7. $4\pi$ cm²

## 三、解答题

8. 不合格. 缺少一个面, 可作如下改正: 在虚线处添加一个正方形, 可以有四种添法. 如图所示, 在 (1)(2)(3)(4) 中任选一处添加一个即可.

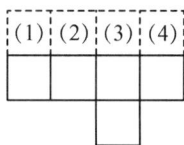

| (1) | (2) | (3) | (4) |
|---|---|---|---|
| | | | |

(第 8 题图)

9. 证明: (1) 因为 $PD\perp$ 平面 $ABCD$, 所以 $PD\perp AB$, 又因为 $AB\perp AD$, $AB\cap PA=A$, 所以 $AB\perp$ 平面 $PAD$, 又因为 $PA\subseteq$ 平面 $PAD$, 所以, $PA\perp AB$.

(2) 连接 $BD$, 取 $CD$ 的中点 $E$, 连接 $BE$. 因为 $CD=2AB$, 所以 $CE=DE=AB=AD$. 因为 $AB\parallel CD$, 所以四边形 $ABED$ 为矩形. 所以 $BE=AD$, $BE\parallel AD$, 从而 $BE=CE=DE$. 又因为 $BE\perp CD$, 所以 $\angle BCD=\angle BDC=45°$, 所以 $BC\perp BD$. 又因为 $PD\perp$ 平面 $ABCD$, $BC\subseteq$ 平面 $ABCD$, 所以 $PD\perp BC$, 所以 $BC\perp$ 平面 $PBD$. 因为 $PB\subseteq$ 平面 $PBD$, 所以 $BC\perp PB$.

10. 5 m.

## 第 9 章检测题

### 一、选择题

1. D   2. C   3. C   4. B

### 二、填空题

5. $54\pi$ cm$^2$

6. $100\pi$ cm$^2$

7. $\sqrt{6}$

### 三、解答题

8. 如图, 过点 $P$ 作 $PA\perp l$, 垂足为 $A$, 作 $PB\perp$ 平面 $\alpha$, 垂足为 $B$, 连接 $AB$. 则 $\angle PAB=30°$. 因为 $PB=5$, 所以 $PA=10$.

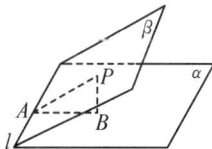

(第 8 题图)

9. $S_{侧}=27\pi$(cm$^2$), 圆心角 $n=120°$.

10. $4\pi\sqrt{13}$ cm$^3$.

11. 20 人.

# 第 10 章　概率与统计初步

## §10.1　计数原理

【基础训练】

### 一、选择题

1. C   2. B   3. C   4. B

二、填空题

5. 8

6. 21

7. $3 \times 3 \times 3 \times 3 \times 3 = 3^5$

8. 110

三、解答题

9. 12.

10.(1)6；(2)8.

【拓展训练】

(略)

## §10.2 随机事件和概率

### 10.2.1—10.2.2 随机事件和频率与概率

一、选择题

1.C 2.D 3.A 4.C

二、填空题

5. B，C，A

6. 复合，基本，B，C，D

三、解答题

7.(1)试验的所有基本事件为：(A，B，C)，(A，B，D)，(A，B，E)，(A，C，D)，(A，C，E)，(A，D，E)，(B，C，D)，(B，C，E)，(B，D，E)，(C，D，E).

(2)"A 没被选中"这一复合事件包含以下 4 个基本事件：(B，C，D)，(B，C，E)，(B，D，E)，(C，D，E).

8.(1)0.518 1，0.506 9，0.497 9，0.501 6，0.500 5；  (2)0.5.

【拓展训练】

(略)

### 10.2.3 互斥事件

【基础训练】

一、选择题

1.A 2.B 3.C 4.C

二、填空题

5. 0.96

6. $\dfrac{7}{8}$

7. 0.4

三、解答题

8.(1)0.37；　(2)0.55.

9.(1)0.46；　(2)0.74.

【拓展训练】

（略）

## 10.2.4　古典概型

【基础训练】

一、选择题

1. B　2. B　3. C

二、填空题

4. $\dfrac{1}{3}$

5. $\dfrac{2}{11}$

6. $\dfrac{1}{13}$ , $\dfrac{1}{4}$

7. $\dfrac{1}{27}$

三、解答题

8.(1)$\dfrac{1}{2}$；(2)$\dfrac{3}{5}$.

9.(1)$\dfrac{1}{10^4}$；(2)$\dfrac{1}{10}$.

【拓展训练】

（略）

## §10.3　总体、样本和抽样方法

一、选择题

1. B　2. B　3. C　4. C

二、填空题

5. 50 名运动员的跑步成绩，10 名运动员的跑步成绩，10

6. 系统抽样

三、解答题

7.(仅供参考)(1)简单随机抽样，采用抽签或随机数表法抽取 5 人.

(2)系统抽样，将 700 名学生进行编号，由于 $\dfrac{700}{50}=14$，所以每段 14

人，分为 50 段，可规定各段抽取顺序号为第 9 号的学生，得到容量为 50 的样本，其学生号码为 9，23，37，…，695.

(3)分层抽样，按照 1：2：2：1 的比例，在 4 个区、县分别抽取 50 人，100 人，100 人，50 人.

8. 总体：全体汽修专业学生的职业能力鉴定成绩.

个体：每个汽修专业学生的职业能力鉴定成绩.

样本：所抽取的 20 名学生的职业能力鉴定成绩.

样本容量：20.

【拓展训练】

（略）

# §10.4　用样本估计总体

【基础训练】

一、选择题

1. C　2. B　3. C　4. B

二、填空题

5. 426.22，7.56

6.

| 寿命/小时 | 频数 | 频率 |
|---|---|---|
| 100～200 | 5 | $\frac{1}{20}$ |
| 200～300 | 20 | $\frac{1}{5}$ |
| 300～400 | 40 | $\frac{2}{5}$ |
| 400～500 | 20 | $\frac{1}{5}$ |
| 500～600 | 15 | $\frac{3}{20}$ |
| 合计 | 100 | |

7. 约为 54，1.46

8. 60.8 km/h

三、解答题

9.

| 分数 | 1 | 2 | 3 | 4 | 5 |
|---|---|---|---|---|---|
| 频数 | 3 | 4 | 4 | 5 | 4 |
| 频率 | $\frac{3}{20}$ | $\frac{1}{5}$ | $\frac{1}{5}$ | $\frac{1}{4}$ | $\frac{1}{5}$ |

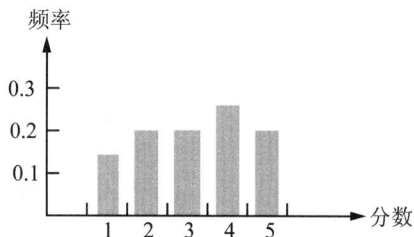

$\mu=3.15$.

10. $\mu=199.75(\mathrm{kJ})$，$\sigma=95.26(\mathrm{kJ})$.

**【拓展训练】**

(1)$\mu_{甲}=\mu_{乙}=80$；(2)$\sigma_{甲}=12.65$，$\sigma_{乙}=17.32$. 由 $\sigma_{甲}<\sigma_{乙}$ 可知甲组学生的成绩比较稳定.

## 第 10 章综合练习

**一、选择题**

1.C　2.D　3.C　4.B

**二、填空题**

5. 随机事件

6. 0.24

7. 500 名学生的数学测试成绩，50 名学生的数学测试成绩，50

8.

| 故障次数 | 频数 | 频率 |
|---|---|---|
| 5 | 5 | 0.05 |
| 4 | 20 | 0.20 |
| 3 | 40 | 0.40 |
| 2 | 20 | 0.20 |
| 1 | 15 | 0.15 |
| 合计 | 100 | |

**三、解答题**

9. $\dfrac{1}{3}$.

10. (1)$\dfrac{1}{4}$；(2)$\dfrac{1}{2}$.

11. 解：(1)甲、乙两组平均成绩均为 75 分.

甲组

| 分数 | 50 | 60 | 70 | 80 | 90 | 100 |
|---|---|---|---|---|---|---|
| 频数 | 0 | 3 | 2 | 3 | 1 | 1 |
| 频率 | 0 | 0.3 | 0.2 | 0.3 | 0.1 | 0.1 |

乙组

| 分数 | 50 | 60 | 70 | 80 | 90 | 100 |
|---|---|---|---|---|---|---|
| 频数 | 2 | 1 | 3 | 0 | 2 | 2 |
| 频率 | 0.2 | 0.1 | 0.3 | 0 | 0.2 | 0.2 |

(2)通过计算可得,

甲组的标准差为

$$\sigma_{甲}=\sqrt{\frac{1}{10}\left[3\,(60-75)^2+2\,(70-75)^2+3\,(80-75)^2+(90-75)^2+(100-75)^2\right]}$$

$\approx 12.85$(分).

乙组的标准差为

$$\sigma_{乙}=\sqrt{\frac{1}{10}\left[2\,(50-75)^2+(60-75)^2+3\,(70-75)^2+2\,(90-75)^2+2\,(100-75)^2\right]}$$

$\approx 18.03$(分).

因为 $\sigma_{甲}<\sigma_{乙}$,所以甲组成绩波动较小.

# 第 10 章检测题

## 一、选择题

1.A  2.B  3.C  4.B

## 二、填空题

5. 0.42

6. 0.1

7. 20

8. 2.24

## 三、解答题

9. $\frac{4}{5}$.

10. (1) $\frac{1}{10\,000}$, $\frac{1}{2\,000}$;(2) $\frac{1}{625}$.

11.(略)

# 期末测试题(A 组)

**一、选择题**

1. C　2. C　3. D　4. A　5. D　6. C　7. C　8. B　9. A　10. A

**二、填空题**

11. $-\dfrac{7}{4}$

12. 10

13. (1)0.7;　(2)0.12

14. (1)$\dfrac{1}{3}$;　(2)$\dfrac{1}{2}$

15. $24\pi$

**三、解答题**

16. 解:由等差通项公式 $a_n=a_1+(n-1)d$ 可得 $\begin{cases}-6=a_1+d,\\14=a_1+5d,\end{cases}$ 解得

$d=5$,$a_1=-11$;再由等差数列通项公式与前 $n$ 项和公式求得 $a_8=24$,

$S_8=52$.

17. 解:设三个数位 $a-d$,$a$,$a+d$. 由条件可得

$$\begin{cases}(a-d)+a+(a+d)=9,\\(a-d)(a+d+11)=(a+1)^2.\end{cases}$$

解得 $a=3$,$d=-13$;或 $a=3$,$d=2$. 因此三个数分别为 16,3,

$-10$ 或 1,3,5.

18. 解:$(\boldsymbol{a}+\boldsymbol{b})\cdot(\boldsymbol{a}-2\boldsymbol{b})=|\boldsymbol{a}|^2-\boldsymbol{a}\cdot\boldsymbol{b}-2|\boldsymbol{b}|^2$

$$=64-8\times6\times\cos 60°-2\times36$$

$$=-32.$$

19. 解:$\begin{cases}3x-2y-2=0,\\2x+3y+3=0,\end{cases}$ 解得 $x=0$,$y=-1$,即交点为 $(0,-1)$. 又

由 $4x-2y+5=0$,解得 $k=2$,则所求直线的斜率 $k'=-\dfrac{1}{2}$,所求直线方

程为 $x+2y+2=0$.

20. 解:$d=\dfrac{|5\times4-12-60|}{\sqrt{5^2+12^2}}=4$,圆的方程为 $(x-4)^2+(y-1)^2=16$.

21. (1)$P=\dfrac{C_3^2}{C_5^2}=\dfrac{3}{10}$;　(2)$P=\dfrac{C_3^1 C_2^1}{C_5^2}=\dfrac{3}{5}$.

22. 解:$\overline{x}=5\ 970(元)$;

$s^2=\dfrac{1}{6}\big[(5\ 840-5\ 970)^2+(5\ 920-5\ 970)^2+(6\ 080-5\ 970)^2+$

$(5\,880-5\,970)^2+(6\,120-5\,970)^2+(5\,980-5\,970)^2]$

$\approx 10\,367.$

$s \approx 102(元)$

23. 证明：因为 $AB \perp$ 平面 $BCD$，$CD \subsetneqq$ 平面 $BCD$，所以 $CD \perp AB$.

又因为 $CD \perp BC$，$AB \cap BC=B$，所以 $CD \perp$ 平面 $ABC$，而 $E$，$F$ 分别为 $AC$，$AD$ 的中点，所以 $EF /\!/ CD$，$EF \perp$ 平面 $ABC$.

又因为 $EF \subsetneqq$ 平面 $BEF$，所以平面 $BEF \perp$ 平面 $ABC$.

# 期末测试题(B 组)

## 一、选择题

1. A［提示：直接代入验证.］

2. A［提示：求出直线 $3x+y-6=0$ 与 $y$ 轴的交点 $(0,6)$，从已知直线上任选一点，如 $(1,3)$，得该点关于 $y$ 轴的对称点为 $(-1,3)$，再由 $(0,6)$ 和 $(-1,3)$ 两点求出直线的方程.］

3. A［提示：利用等比数列的前 $n$ 项和公式 $S_n=\dfrac{a_1(1-q^n)}{1-q}.$ ］

4. B［提示：两个向量垂直，它们的数量积为 0.］

5. D［提示：$|\boldsymbol{a}+\boldsymbol{b}|=\sqrt{(\boldsymbol{a}+\boldsymbol{b})\cdot(\boldsymbol{a}+\boldsymbol{b})}=\sqrt{|\boldsymbol{a}|^2+2\boldsymbol{a}\cdot\boldsymbol{b}+|\boldsymbol{b}|^2}.$ ］

6. A［提示：圆的半径为 1.］

7. C［提示：利用两条直线垂直 $k_1 k_2=-1$，得斜率为 $-\dfrac{1}{2}$，过点 $(2,0)$.］

8. C［提示：过原点和 $(-2,2)$ 的直线的倾斜角为钝角.］

9. C［提示：不大于 20 且是 3 的倍数的正整数有 3，6，9，12，15，18，共 6 个.］

10. D［提示：A 错，这条直线也可以在这个平面上. B 错，这条直线也可以在这个平面上. C 错，一条直线只有垂直于平面内的两条相交直线时，这条直线才与这个平面垂直. 故选 D.］

## 二、填空题

11. $a_n=-3n+53$

12. $90°$

13. $x^2+y^2=\dfrac{1}{13}$

14. $32\pi$ $cm^2$

15. 0.05

## 三、解答题

16. 解：三个数成等差数列，设这三个数分别为 $a-d$，$a$，$a+d$. 根据题意，

$$\begin{cases}(a-d)+a+(a+d)=12,\\(a-d)\cdot a\cdot(a+d)=-132,\end{cases}$$

解得 $\begin{cases} a=4, \\ d=7, \end{cases}$ 或 $\begin{cases} a=4, \\ d=-7. \end{cases}$

所以此三个数为 $-3$，4，11 或 11，4，$-3$．

17. 解：因为数列的前 $n$ 项和为 $S_n=2n^2-3n$，所以 $a_n=S_n-S_{n-1}$，

$$a_n=2n^2-3n-[2(n-1)^2-3(n-1)]$$
$$=2n^2-3n-(2n^2-7n+5)$$
$$=4n-5.$$

当 $n=1$ 时，成立，所以数列的通项公式为 $a_n=4n-5$．

18. 解：(1)因为向量 $\boldsymbol{a}=(6，2)$ 与 $\boldsymbol{b}=(-3，k)$ 平行，所以有 $\dfrac{6}{-3}=\dfrac{2}{k}$，解得 $k=-1$．

(2)因为向量 $\boldsymbol{a}=(6，2)$ 与 $\boldsymbol{b}=(-3，k)$ 垂直，所以它们的数量积为 $0$，即 $6\times(-3)+2k=0$，解得 $k=9$．

19. 解：因为直线与圆相切，所以圆心到直线的距离等于半径，求得圆 $x^2+y^2-4x+2y-15=0$ 的圆心为 $(2，-1)$，半径 $r=2\sqrt{5}$．

再利用点到直线的距离公式，

$$d=\frac{|Ax_0+By_0+C|}{\sqrt{A^2+B^2}}=\frac{|2\times2-1-b|}{\sqrt{5}}=2\sqrt{5}.$$

解得 $b=-7$ 或 $b=13$．

20. 解：因为与圆 $x^2+y^2-4x+6y-3=0$ 同心，所以可求得圆心为 $(2，-3)$．

又因为圆过点 $(-1，1)$，根据两点间距离公式得出圆半径

$$r=\sqrt{[2-(-1)]^2+[(-3)-1]^2}=5.$$

所以圆的方程为 $(x-2)^2+(y+3)^2=25$．

21. 证明：因为直线 $FG\not\subset$ 平面 $BCD$，且 $EH/\!/FG$，所以直线 $EH/\!/$ 平面 $BCD$；

又因为 $EH\not\subset$ 平面 $BAD$，且平面 $ABD\cap$ 平面 $BCD=BD$，所以 $EH/\!/BD$．

22. 解：设样本容量为 $n$，由分层抽样的原理可知，各小组加工的零件数在样本中的比例也应为 $3:4:3$．所以样本中甲小组加工的零件数为 $\dfrac{3}{3+4+3}\times n$．

又已知样本中甲小组加工的零件有 12 件，故

$$\frac{3}{10}\times n=12\Rightarrow n=40$$

即样本容量为 40．